Tu vois icy deux Alexandres
L'Europe n'en cognoit q'vn ſeul
Ce premier eſt dans le cercueil
Celluy-cy renait de ſes cendres.

LES SIEGES, LES BATAILLES, LES VICTOIRES, ET LES TRIOMPHES DE MONSEIGNEVR LE PRINCE DE CONDÉ.

Auec le Plan des plus importantes Villes qu'il a prises sur les Ennemis depuis la mort du feu Roy iusques à present.

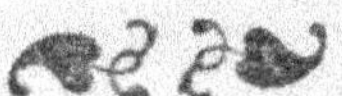

A PARIS,
Chez CARDIN BESONGNE, au Palais, dans la gallerie des prisonniers, aux Roses Vermeilles.

M. DC. LI.
AVEC PRIVILEGE DV ROY.

A SON ALTESSE MONSEIGNEVR LE DVC DENGVIEN.

ONSEIGNEVR,

Puis que V. A. eſt en âge d'eſtre inſtruite, i'ay creu qu'on ne pouuoit luy donner pour Rudiment que l'Hiſtoire des faits heroïques de MONSEIGNEVR le Prince ſon Pere, comme le ſeul liure où elle peut aprendre au iourd'huy tout ce que les plus Sages du Siecle luy ſçauroient enſeigner. Elle y verra dedans toute la ſcience de la belle gloire ; Et quoy qu'il ſemble que le ſort des armes y ait contribué quelque choſe, tout le monde demeure d'accord que c'eſt vn ouurage acheué, & de la Prudence, & de la Valeur. Ce n'eſt pas que V. A. ait beſoin d'autres preceptes que de ceux de la Nature, puis qu'elle meſme l'inſtruit tous les iours, aprés luy auoir donné auec le Sang, & l'Eſprit & le Cœur du demi-Dieu qui la faict naiſtre ; mais quoy qu'elle en ait les ſentimens dans l'Ame, pour en conſeruer toujours le ſouuenir : Elle en aura maintenant les objects deuant les yeux pour n'en perdre iamais la pensee. Certes, MONSEIGNEVR, toutes ses actions sont si admirables, que leur exemple ne peut seruir que d'emulation aux plus grands Heros de nostre temps, il n'apartient qu'à vous de les imiter: D'où vient que ne pouuant vaincre vos ennemis, vous exercez vostre courage à vaincre la Fortune; & si sa valeur vous est hereditaire, on voit bien que sa constance est née auec vous, puis qu'en faisant la loy à vostre malheur, vous triomphez comme luy de vous mesme. Ce qui me paroist de plus merueilleux, c'est que vos inclinations qui en cela sont vos Precepteurs, nous ostent l'esperance qu'elles mesmes nous donnent, vous faisant desia pratiquer ce qu'elles nous promettoient de vous aprendre seulement. De moy le seul avantage qui me demeure, dans ce deuoir que ie rends à V. A. c'eſt de faire connoitre à toute la Terre que ie trouue mon bonheur en ſes diſgraces, puis qu'en éprouuant ma fidelité, elles me font meriter la qualité,

MONSEIGNEVR,

De ſon tres humble & tres-obeiſſant ſeruiteur,

PVGET DE LA SERRE.

PARALELLES ET ELOGES HITORIQVES D'ALEXANDRE LE GRAND, ET DE MONSEIGNEVR LE PRINCE DVC D'ANGVIEN.

L'HISTOIRE nous aprend que les comparaisons des Hommes Illustres, sont tousiours admirables dans les iustes raports, & dans les belles conuenances où elles se treuuent. Ce n'est pas que chasque Heros n'ait ses qualitez particulieres & propres à luy seul;

mais comme toutes les Vertus se ressemblent, on ne sçauroit representer l'vn, sans faire le portraict de l'autre

Ie ne puis vous faire voir ces Veritez plus sensiblement qu'en la comparaison que ie fay auiourd'huy d'Alexandre le Grand, auec ce fameux Prince. Ces deux Heros, de qui la fortune, quelque orgueilleuse qu'elle soit, a paru tousiours esclaue, ont tant de raport dans toutes les eminentes qualitez qui les mettent hors d'exemple, qu'on ne sçauroit lire l'Histoire de cét Inuincible Monarque, sans aprendre la vie de cét Auguste Conquerant.

De vous parler maintenant pour commencer mes Paralelles, de la fameuse Race d'Alexandre, il me suffit de vous dire qu'elle estoit Royalle de plusieurs siecles, & que les Sceptres & les Courõnes estoiẽt le partage de ses descẽdans.

De vous representer aussi la grandeur de la Maison de Bourbon, c'est assez la faire cognoistre que de dire son nom, puis qu'elle est illustre de son origine, & couronnée dans son progrez des plus superbes couronnes de l'Vniuers.

Alexandre estoit fils de Philippe, vn des plus grands Roys qui fut iamais; & pour sa valeur &

pour sa prudence, ayant fait voir son courage inuincible dans la guerre, & sa sagesse inimitable dans la paix.

Olympias sa Mere, de la fameuse Race des Argiliens estoit fille de Neoptolemus, Roy des Molosses, la nature l'auoit comblée de tant de graces, soit pour les qualitez du corps, soit pour celles de l'esprit, qu'elle eut esté capable de donner de la jalousie aux plus parfaites de son sexe, si sa naissance & sa condition ne l'eussent renduë digne dés le berceau, de tous les auantages qu'elle possedoit.

De vous depeindre les perfections de Monseigneur le Prince, la voix publique m'a preuenu, puis que le langage de leurs loüanges est commun à toutes les nations de la terre. Qui ne sçait pas que sa prudence sert auiourd'uy d'echolle à tous les Sages du siecle, & que son courage & son esprit, également admirables, ont treuué de la veneration au milieu de ses ennemis, aussi bien que des Eloges.

Iamais Prince n'eut plus de probité que luy: & comme cette vertu luy est naturelle, plustost qu'aquise, on peut soustenir hardiment que toutes ses inclinations sortant d'vne mesme source, ſont auſſi illuſtres que ſa naiſſance, & auſſi eminentes que ſa condition.

Madame la Princeſſe me paroit toute eclatante d'honneur, ſoit dans ſon berceau, comme fille de ce fameux Conneſtable de Montmorency, & ſœur de cet incomparable Admiral, dont la memoire ſera venerable à tous les Siecles: ſoit dans la qualité qu'elle porte d'Eſpouſe, & de Mere des deux plus grands Princes qui ayent iamais porté couronne.

D'exprimer ſon merite, la penſée en eſt temeraire, par ce que l'entrepriſe n'en peut eſtre qu'inutille. Ie veux que les plus excellens eſprits du monde s'eſtudient à parler d'Elle, tous feront voir leurs defauts, pluſtoſt que ſes perfections, puiſqu'il faut les cognoiſtre parfaitement pour les loüer de meſme, & cette cognoiſſance eſt au deſſus de noſtre imagination. Mais il ſuffit toutesfois pour reüſſir en ce deſſein que ie repreſente mon impuiſſance, ſcachant qu'elle fera voir en quelque ſorte, la grandeur de l'obiect que ie m'eſtois propoſé.

Alexandre naquit le huictieſme de Mars, on tient qu'en ce meſme iour le Temple de Diane fut bruſlé: comme ſi les Dieux n'euſſent peu celebrer dignement la naissance de cette Merueille, que par l'embrasement d'vne autre, puis qu'elle en fit voir le feu de ioye dans ses cendres.

MONSEIGNEVR le Duc d'Anguien vint au monde le huictiesme Septembre en l'année mil six cens vingt-deux, iour également celebre & au Ciel & à la Terre, par la naissance de celle qui deuoit estre Mere du Createur de l'vn, & du Redempteur de l'autre. Iour de ioye particuliere & pour l'Europe & pour la France, puis que toutes deux en ressentent auiourd'huy les felicitez, par la valeur de nostre grand Duc, qui les en a comblées également.

Alexandre fut nourry en sa premiere enfance dans vne forteresse qu'on appelloit Thara, à trente lieuës de sa Cour, & quatre ans apres il vint à Pindé ville fameuse, où il fut receu auec toute sorte de pompe & de magnificence.

MONSEIGNEVR le Duc passa de mesme ses quatre premieres années au Chasteau de Monrond, & fit son entrée à Bourges la cinquiesme de son âge, auec tout l'esclat qu'vne liberalité prodigue peut produire en cette sorte de rencontres.

Alexandre eut pour Maistres les plus sçauans hommes du siecle, & en cela ils eurent autant de bon-heur que de gloire, puis que cet illustre disciple leur conserua toute la reputation qu'ils auoit acquise, en faisant profit à leur commun auantage, de tous les sages preceptes qu'ils luy auoient donnez. Mais toutes fois il faut auoüer que le seul exemple de Philippes son Pere luy seruoit d'vn nouueau maistre pour luy apprendre à loisir l'art de regner sur ses passions, aussi absolument que sur ses suiets.

MONSEIGNEVR le Duc fut instruit par les Reuerends Peres Iesuites, ces sçauans interpretes des oracles de la vertu, dont ils font des leçons à toute la terre, & l'on cognut en peu de temps, par l'heureux étude de ce fameux Escolier, les soins vigilans de ses doctes Precepteurs. Mais sans mentir les sages conseils de Monseigneur le Prince, son Pere, luy seruant encore d'vne nouuelle instruction, affermissoient tous les iours son iugement, & éclairoient son esprit en la cognoissance de toutes les maximes de pieté, & d'honneur, qu'on doit pratiquer aux yeux de tout le monde.

Iamais adolesence ne fut plus belle que celle

d'Alexandre. Tous ſes diſcours eſtoient ſerieux, tous ſes diuertiſſemens honneſtes, & toutes ſes actions remarquables. Il s'entretenoit d'ordinaire auec des Philoſophes, ou auec des Ambaſſadeurs, pour s'inſtruire de nouueau en ſe joüant, ſoit par la Morale des vns, ou par la Politique des autres. Il s'informoit curieuſement des Loix & des couſtumes qu'on pratiquoit aux pays eſtrangers, & particulierement de leur façon de combattre, comme s'il eut proietté deſia dans ſon eſprit le deſſein de leur conqueſte.

La premiere ieuneſſe de MONSEIGNEVR le Duc ne fut pas moins admirable: la viuacité de ſon eſprit, & la force de ſon iugement paroiſſoient en ſes diſcours, parlant touſiours fort à propos, & ne diſant iamais rien d'inutille. Ses actions eſtoient toutes d'exemple, & ſes ébats meſme tenoient touſiours de l'homme, ne pouuant ſe diuertir auec des perſonnes de ſon âge, comme s'il eut voulu employer vtilement ſon temps en le paſſant. Il aymoit egalement & les liures & les armes, donnant ſes heures à la lecture des vns, & à l'exercice des autres, mais auec vne ſi grande reſignation, qu'on pouuoit croire que cette sorte, de diuertissement faisoit toutes ses delices.

Alexandre ialoux de l'honneur qui se pouuoit acquerir dans les sçiences, ne pouuoit souffrir que son maistre Aristote mit en lumiere ses liures de Philosophie, dans la noble aprehension où il estoit d'auoir des riuaux, ou plustost des compagnons d'escole, qui luy en disputassent le prix, ce qui l'attachoit si fort à l'etude, qu'il cachoit souuent ses liures sous le cheuet de son lict, pour donner quelque temps de son sommeil à leur lecture.

MONSEIGNEVR le Duc, animé d'vne mesme gloire, dans la resolution oùil estoit de se voir esleué aussi haut par sa vertu, que par sa condition, paressoit si ialoux des auantages qu'on remporte dans les Colleges qu'il y occupoit tousiours les premieres places, comme s'il eut esté honteux de se voir deuancer dans cette cariere de Minerue, ou les palmes deuoient seruir de couronnes aux vainqueurs. Ce qui l'obligeoit à porter d'ordinaire vn liure auec soy, pour employer à son étude, les plus belles heures de son loisir.

Des l'âge de quinze ans Alexandre aprit à monter

monter à cheual, mais auec tant d'auantage, qu'en peu de temps ses maistres deuindrent ses disciples. Il n'estoit point de cheual indomptable à l'épreuue de son adresse, & l'exemple de Bucephale est vn tesmoin irreprochable des loüanges qu'il a meritées, de la bouche mesme de son Pere, quoy qu'il fut fort retenu à luy en donner: Mais certes l'occasion estoit si belle, & & le suiet si iuste, que ce grand Roy fut contraint, en s'abandonnant à la ioye de la faire parestre publiquement, dans l'estime publique qu'il fit de l'industrie & de la hardiesse tout ensemble de ce ieune Prince, n'ayant pas eu tout a coup le pouuoir de faire reflexion qu'il estoit son fils.

MONSEIGNEVR le Duc se rendit de mesme tout à coup si sçauant en l'art de monter à cheual, que ses maistres ne peurent iamais remarquer le temps de son aprentisage, se treuuant surpris & étonnez à la premiere leçon qu'ils luy donnerent. Il est vray que sa riche taille, sa bonne grace, & cette noble hardiesse qui animoit son action dans cet exercice luy donnoient d'abord vn grand auantage, mais il faloit toutefois auoüer, que la Nature l'auoit instruit la premiere si heureusement, qu'il ne portoit que le nom de disciple. De vous dire maintenant qu'il dompta vn nouueau Bucephale en presence de MONSEIGNEVR le Prince son Pere, ce seroit donner des limites trop estroites à son adresse inimitable, puis que cent & cent fois il a monté en sa presence des cheuaux, qui deuoient faire la derniere épreuue du plus vieux écholier de l'Academie, & auec tant de succez, qu'on peut soustenir sans flatterie, que si MONSEIGNEVR le Prince ne l'en loüoit publiquement, il n'auoit pas moins de raison que Philippe, mais qu'il estoit plus discret que luy.

Des l'âge de seize ans Alexandre fut à la guerre contre les Madariens, où en diuerses rencontres il fit voir, par la grandeur de son courage, & par la sagesse de sa conduite, que la ieunesse peut estre & sage, & vaillante, sans experience. En effect ce ieune Prince donna tant de preuues de sa valeur, & de sa prudence, dans ces premiers coups d'essay, qu'on pouuoit soustenir hardiment qu'il estoit né tout à la fois & Soldat, & Capitaine. On le voyoit tousiours en action ou pour commander ou pour executer, & comme par vn sentiment de modestie il se mesfiet souuent de luy mesme craignant de faillir, faute d'experience, dans les ordres qu'il donnoit, les plus vieux Capitaines de l'armée, c'estoient ses conseilliers domestiques, & il leur rendoit d'ordinaire cette diference, dans sa souueraineté, de suiure leur aduis sans dire le sien. La defaite des Madariens, auec la ruine de leur ville, fut le premier tropée de sa premiere victoire, mais certes on peut dire aussi que la couronne qu'il en remporta fut hors de prix, puis qu'en l'âge où il estoit, sa gloire n'auoit point d'exemple.

Il accompagna encore Philippe son Pere en la guerre qu'il eut contre les Grecs, & dans la bataille qu'il leur donna, ce ieune Heros attaqua le premier si heureusement la bande des Thebains, qu'on appelloit sacrée, que leur seulle defaite fut vn presage certain de la victoire. Ce qui obligea les Macedoniens à partager les auantages du triomphe, laissant tout le butin à Philippe, & donnāt tout l'honneur à Alexandre.

A n'en point mentir ce ieune Prince s'abandonnant à sa fortune, sans pouuoir moderer les efforts de son courage, se rendit si considerable de ses ennemis mesme, en ce funeste combat, que sa reputation quoy que naissante, eut desia donné de la jalousie au Roy Philippe, si la nature eut peu permettre qu'vn Pere fut jaloux de son fils.

MONSEIGNEVR le Duc d'Anguien fut en mesme âge à la guerre contre les Flamans Il se treuua à la bataille, ou l'Amboy fut pris, & comme c'estoit sa premiere campagne, & son premier combat, il voulut faire cognoistre à ses ennemis que les auantages de la nature luy estoient beaucoup moins considerables dans sa condition de Prince, que ceux de la guerre dans la qualité de volontaire De sorte que se voyant maistre de sa reputation, & de sa personne, il hazarda mille fois celle cy, pour establir solidement l'autre.

Quels soins, qu'elle assiduité, & quelle vigilence ne fit-il pas parestre au siege d'Arras. On le voyoit tous les jours à cheual pour visiter les quartiers, en cherchant l'occasion de combatre, & toutes les nuicts dans les trenchées, pour animer les soldats, en mesprisant les perils

Ce Prince estoit tousiours en action soit pour aprendre son mestier, soit pour instruire de son exemple, ceux qui vouloient des leçons d'vn maistre si illustre. Ce qui le rendit peu à peu si sçauant en l'art de commander, qu'on suiuoit d'ordinaire ses conseils, & auec d'autant plus de raison encore, qu'il ne cherchoit jamais de compagnon pour les executer.

A peine fut-il guery l'année suiuante d'vne grande maladie, qu'il monta à cheual pour aller au siege d'Air, quelque resistence que sçeut faire MONSEIGNEVR le Prince, pour retarder seulement son voyage. Et comme il fut arriué à Edin, le Gouuerneur luy ayant representé le danger qu'il y auoit de ioindre l'armée du Roy, auec le peu de gens qui le suiuoient, il demanda conseil au Baron de Mont-jeu, Gouuerneur de Ru, & le pria de luy dire, ce qu'il feroit dans vne pareille rencontre, à quoy ayant respondu pour le satisfaire, plustost que pour le conseiller, qu'il courroit le hazard du passage, dans la condition priuée ou il estoit. Il luy repartit à l'instant mesme, qu'il vouloit tenter la mesme fortune, & qu'il oublioit tousiours sa condition, où il y alloit du seruice du Roy. De sorte qu'il suiuit son chemin auec son escorte ordinaire, tesmoignant par ce genereux mespris des dangers, que les conseils d'honneur sont des loix inuiolables, & qu'on ne se hazarde iamais quand on fait ſon deuoir.

Ce fut au ſiege d'Air ou il renouuella ſes ſoins, où il continua ſes veilles, dans l'employ que luy meſme ſe donnoit, pour faire tantoſt le meſtier de Soldat, en couchant dans les trenchées, & tantoſt celuy de Capitaine, pareſſant le premiere aux attaques, & le denier à la retraite. Et comme ſon grand courage ne donnoit point d'interualle, à cette fievre de lyon, dont ſans ceſſe il eſtoit agité dans la guerre, on le voyoit touſiours en action, ou d'executer quelque perilleuſe entrepriſe, ou de perſuader le meſpris de la vie aux ſoldats, apres les auoir rendus mille fois teſmoins du peu d'eſtat qu'il faiſoit de la ſienne. De ſorte qu'on le rencontroit en tous lieux, fors que dans ſa tante, puis qu'en vingt-quatre heures, à peine en treuuoit-il vne ſeule pour ſon repos.

On le vid en ſuitte au ſiege de Lans & de la Baſſée, & l'on pouuoit dire en remarquant ſes actions, que l'vne ne demantoit iamais l'autre, puis que toutes enſemble eſtoient animées de ce courage inuincible, & de cette valeur ſans exemple, qui ſont la plus belle & la plus noble partie de luy-meſme.

Certes tout le monde iettoit les yeux ſur ce ieune Prince, ſoit pour le ſuiure ne pouuant l'imiter, ſoit pour l'admirer ſeulement, ne treuuant point de loüanges qui ne fuſſent au deſſous de ſon merite, & dans ce bruit commun que ſa reputation faiſoit éclatter en mille lieux, il ne conſideroit que ſon deuoir, il ne ſuiuoit que ſes ſentimens, ſans eſtre touché que foiblement de cette aprobation publique qu'il s'aqueroit à toute heure.

Alexandre commença ſon regne en l'âge de vingt ans, apres la mort du Roy Philipe ſon Pere. La premiere bataille importante qu'il donna fut contre les Thebains, dont la defaite deplorable, auec la ruine entiere de leur païs, ſeruit d'exemple à leurs voiſins pour ſubir les loix du vainqueur, en implorant ſa clemẽce. Ce n'eſt pas que leur reſiſtence ne fut auſſi grande que leur force: ce n'eſt pas qu'ils ne diſputaſſent la victoire iuſques dans leurs agonies. Ce n'eſt pas diray je encore, que leur courage ne parut inuincible dans la mort meſme, mais comme les Dieux tenoient le party de cet heureux Monarque, leur iuſtice fut contrainte de couronner ſa valeur. Iamais combat ne fut plus funeſte pour les Thebains, ny plus glorieux pour Alexandre: car ſans mentir ce ieune Heros animant ſon courage à l'obiect des perils, où il s'engageoit a toute heure, immoloit en foule à ſa noble fureur ſes ennemis deſeſperez. Ie dy deſeſperez, puis qu'ayant à combatre contre vn inuincible, leur defaicte eſtoit ineuitable. Choſe eſtrange, à force d'eſtre inouye, ce glorieux conquerant fit vn ſi bel aprentiſſage du meſtier de la guerre, dans cette fameuſe bataille, qu'il y paſſa maiſtre ſur le tombeau de ſes ennemis.

MONSEIGNEVR le Duc d'Anguien, apres la mort du feu Roy, de tres glorieuſe memoire, commença ſon regne dans les armées au meſme âge de vingt ans, en qualité de General, ayant eſté choiſy de ſa Maieſté pour commander ſes armes aux Pays-bas: Et tout le monde ſçait l'heureux preſage qu'elle donna de ſes victoires, durant ſa maladie, pour marque infalible, que les vœux de l'homme iuſte ſont touſiours exaucez.

Son premier coup d'Esay le couronne de Gloire,
On le voit triompher aux plaines de Rocroy,
Ou sa seule Valeur remportant la Victoire
Affermit de son bras le Trosne de son Roy.

PREMIERE CAMPAGNE

A France de qui les esperances encore naissantes comme sortant à peine du berceau auec son ieune Louys, cherchoit inutilement quelque consolation en son dernier malheur, Quand MONSEIGNEVR le Duc Danguien, suiuant les conseils & les ordres de son Roy mourant, s'en va celebrer ses funerailles apres sa mort, dans le Camp de ses ennemis, & ietter à mesme temps les fondemens du trosne de son ieune Successeur, sur leur propre ruine. Il s'en va disce à Roctoy, pour donner bataille aux Espagnols, qu'il attaque, qu'il combat, qu'il defait, & apres s'estre rendu maistre de leur camp, qu'il console, qu'il soulage, & qu'il pardonne, pour faire voir à tout l'Vniuers la iustice de ses armes, dans la moderation de son triomphe. Mais quels miracles ne fait-il pas pour en meriter les couronnes. Tantost on le void couuert de poudre & de sang, fendre les plus espais bataillons des ennemis en cherchant la mort ou la victoire. Tantost au milieu d'vn escadron de caualerie mettre en fuitte la plus grande partie par le seul effroy que son courage inuincible cause en tous les lieux où il se treuue. Icy il agit de l'esprit, & du iugement, en la preuoyance des desseins de l'ennemy, & là de la voix & de la main, pour commander & executer luy-mesme selon les occurrences, les ordres qu'il donne. Il ne s'amuse point à haranguer ses Soldats pour les animer au combat, il s'abandonne seulement le premier dans les perils, pour leur frayer le chemin de la victoire: les plus courageux ont beau se resoudre de l'attendre de pied ferme, ou de luy aller au deuant, sa seule presence les met d'abord ou en desordre, ou en fuitte. S'il leur paroit, c'est comme vn eclair qui en menaçant de la foudre en fait ouyr le bruit, & souuent en donne l'atainte. Representez-vous que la seule renommée de son Nom, ayant d'elle mesme cette secrette vertu d'estonner les plus courageux à ses aproches, ses regards donnent les premiers coups, & son espée ne treuuant qu'vne foible resistence, ne fait que des blessures mortelles. Ce n'est pas qu'on ne tire sur luy cent coups de mousquet, mais il faut treuuer son talon pour blesser cet Achille, & il ne sçait que c'est de tourner le dos : ce n'est pas qu'on ne l'ataque souuent en foule pour vaincre sa valeur par le nombre ; mais ce nouueau Hercule, tire de nouuelles forces de la resistence qu'il treuue animant son courage à la mesure des perils.

Auec quelle diligence & auec quelle promptitude ne se porte-t'il pas de nouueau en tous les diuers lieux, où il croit que sa presence est necessaire, son courage & son iugement agissant chacun à son tour, le font voir tantost à la teste d'vn bataillon d'Infanterie, pour seruir de Capitaiue aux Capitaines mesmes, & tantost aux aisles d'vn escadron de Caualerie pour donner ses ordres, en suiuant de prez ceux qui les doiuent executer.

Il se trouue par tout, par ce qu'il est necessaire en tous lieux : il s'abandonne dans les perils, par ce qu'il en oste la crainte à ceux qui le suiuent. Il tuë, il blesse, ou renuerse à ses pieds tous ceux qu'il trouue en son chemin ; & comme si son espée estoit fatale aux ennemis de la France, elle ne fait point de blessure qui ne soit mortelle. On l'admire de loin, on le craint de prez, on tremble à son abord, & il n'est point d'ennemy, quelque hardy qu'il puisse estre, qui ne tasche d'éuiter sa rencontre, pour se garentir de ses coups, Mais quel prodige de fortune & de valeur, la mort le fuit, & il porte la mort en tous lieux : Tous ses ennemis n'en veulent qu'à luy, & luy seul les attaque, les combat & les defait, ie dis luy seul, considerant son armée, comme vn corps, dont il est l'ame.

Enfin ce ieune Mars sort triomphant de ce sanglant combat ou Rocroy est sauué, la France vengée, & l'Espagne punie. Enfin ce grand Prince gaigne cette importante bataille, où les quatre generaux sont tuez, blessez, ou mis en fuitte : dix mille de leurs Soldats demeurez morts sur la place, & toutes les Cornettes de leur Caualerie, & les Drapeaux de leur Infanterie abandonnez pour vne partie du butin.

Mais faiſons voir maintenant ſur ce funeſte Theatre des plaines de Rocroy, les Vertus de ce fameux Vaincqueur, puis qu'il ſe deſcouure tout entier à nos yeux, en cette glorieuſe victoire. Admirez d'abord ſa prudence, dans le conſeil de guerre, où il reſoud iudicieuſement de donner bataille: Conſiderez en ſuitte ſa Valeur dans l'execution de ce meſme conſeil: loüez ſa clemence, dans la grace qu'il donne à tous ceux qui luy demandent la vie: publiez ſa bonté, dans le ſoulagement qu'il procure à ſes ennemis bleſſez: parlez en tous lieux de ſa liberalité, dans les riches preſens qu'il donne à ſes Soldats, de tout le butin qu'il remporte: cherchez de nouueaux eloges pour ſa magnanimité, dans le genereux meſpris qu'il fait de toute ſorte de loüanges. Il eſt vray qu'il eſt eſleué au deſſus d'elles; Et c'eſt ce qui m'oblige auſſi d'aller plus auant pour voir la fin de mon entrepriſe.

Alexandre victorieux & triomphant des Thebains ne s'en orgueillit point de ſa victoire, quoy que tres-importante, & pour l'establissement de sa reputation, & pour celuy du repos de ses suiects; Il se sert seulement des auantages qu'elle luy donne, apres auoir faict des sacrifices publics à ses Diuinitez tutelaires.

Il entre en triomphe sur les terres d'Athenes, où il reçoit en passant tous les hommages qu'on doit à vn Souuerain. Ce n'est pas que les peuples alarmez du bruit d'vne si sanglante defaite ne fuyent d'abord sa rencontre; mais voyant à la fin qu'il ne combat que pour la justice, & pour la gloire, la plus grande partie subit ses loix, & recognoit pour son maistre, celuy que les Dieux & la Fortune ont rendu leur vainqueur.

Toute la Grece luy est ouuerte. Il entre triomphant dans ses Prouinces, & comme les villes les plus importantes ne se peuuent encore resoudre à tenir son party, il se contente de ne treuuer point d'obstacle dans le chemin de ses conquestes, & de voir tous les iours à ses pieds des nouueaux sujets, qui ne luy demandent que la liberté de respirer sous l'agreable joug de son empire.

MONSEIGNEVR le Duc d'Anguien n'eut pas plustost gaigné la bataille de Rocroy qu'il

en

én destina tous les trophées d'honneur au Dieu des Armées pour marque de sa premiere recognoissance, faisant porter dãs l'Eglise de nostre Dame de Paris, tous les Drappeaux qui luy estoient demeurez pour sa part du butin. Certes il faut confesser que jamais Prince n'a vsé plus moderement que luy des droits souuerains de la victoire. Les Prisonniers se treuuent libres, dans leur douce seruitude: les blessez soulagez dans l'esperance d'vne prompte guerison, & si vne partie des morts est priuée de sepulture, le grand nombre en fait son excuse, auec le regret qu'il en a. Les Prestres & les Religieux ne furent point cõtez au rang des ennemis, leur cõdition leur seruit de passeport. De sorte que les vaincus se sentirent obligez de ioindre leurs voix, au chant de nos triomphes. Mais qu'elle gloire pour le vainqueur, son Nom dans vn instant fut cognu de toutes les nations de la terre, & proferé par autant de diuerses langues que la Renommée a de bouches. Ouy ce fameux Nom D'ANGVIEN, estant redit mille fois en vn moment par les Echos des plaines de Rocroy, & porté dans l'air par toute l'Europe, les Echos des montagnes de Cerisolles, ou ce mesme Nom fut autresfois consacré, le publient de nouueau hautement pour en faire durer le bruit autant qu'elles.

La France en ce mesme iour commence d'essuyer ses larmes à l'éclat de ses feux de ioye, & l'Espagne se treuue contrainte de prendre le dueil que nous portions. Le Cambresy se voit en proye: le Henault en danger, & la Flandre à l'abandon. Aymery cede à sa force, Barlaimont subit ses loix, & Baingts treuue sa ruine dans sa resistence. Ce Ieune Conquerant maistre de la campaigne y fait autant de bruit que la foudre dans la nuë, & si l'vn se fait iour dans l'air, par la lumiere de ses esclairs, l'autre se fait voye en tous lieux, par le feu de ses canons. Les ennemis ont beau le suiure de prez pour voir sa demarche il tient assiegées de sa presence toutes les plus fortes places, sans faire cognoistre son dessein. Brabant est en alarme, Luxembourg en crainte, & toutes les autres Prouinces en estat d'implorer sa clemence plustost qu'exiter sa cholere. Tandis que l'Europe iette les yeux sur luy comme sur vn Comete qui paroit sur les Pays-Bas, pour les menacer, ou de reuolte, ou de ruine, & vous verrez bien tost le coup de cette menace.

Alexandre apres auoir couru toute la Grece, passe la riuiere de l'Ellespont & entre triomphant dans la ville d'Ilion, De là prenant sa route vers l'Asie, passe encore la riuiere de Granique à la veuë des ennemis qu'il combat en passant & les défait sur le riuage, puis sans perdre temps plante son camp victorieux deuant cette fameuse ville d'Halicarnasse où Memnon vn des plus grands Capitaines de l'armée des Perses s'estoit retiré auec vne partie de leurs forces.

Ce fut au siege de cette ville, si forte d'assiete, de murailles, de soldats, & de munitions, ou Alexandre voulut faire voir qu'il sçauoit attaquer & prendre les places aussi bien que combatre l'ennemy, & le vaincre en bataille rengée. Ce n'est pas qu'il ne treuuast vne resistence pareille à ses forces: ce n'est pas qu'il ne se vit plusieurs fois contraint d'employer les derniers efforts & de son courage, & de sa prudence, pour triompher d'vn ennemy resolu à la mort, plustost qu'à la fuitte. Ce n'est pas diray-ie encore que la Fortune, quelque fauorable qu'elle fut à toutes ses entreprises, ne luy vendit bien cher la couronne de cette conqueste, mais il faut confesser aussi que ses soins & ses veilles, seruant de premiere leçon à ses soldats, pour les rendre infatigables dans les trauaux, & sans peur en presence de la mort mesme, il leur monstra le chemin qu'il faloit tenir à sa suitte, pour se faire bien tost maistre de l'vniuers. Cette superbe Hallicarnasse rabaissa enfin l'orgueil de ses rempars, iusques aux pieds d'Alexandre, puis qu'il en foula la poussiere en y entrant.

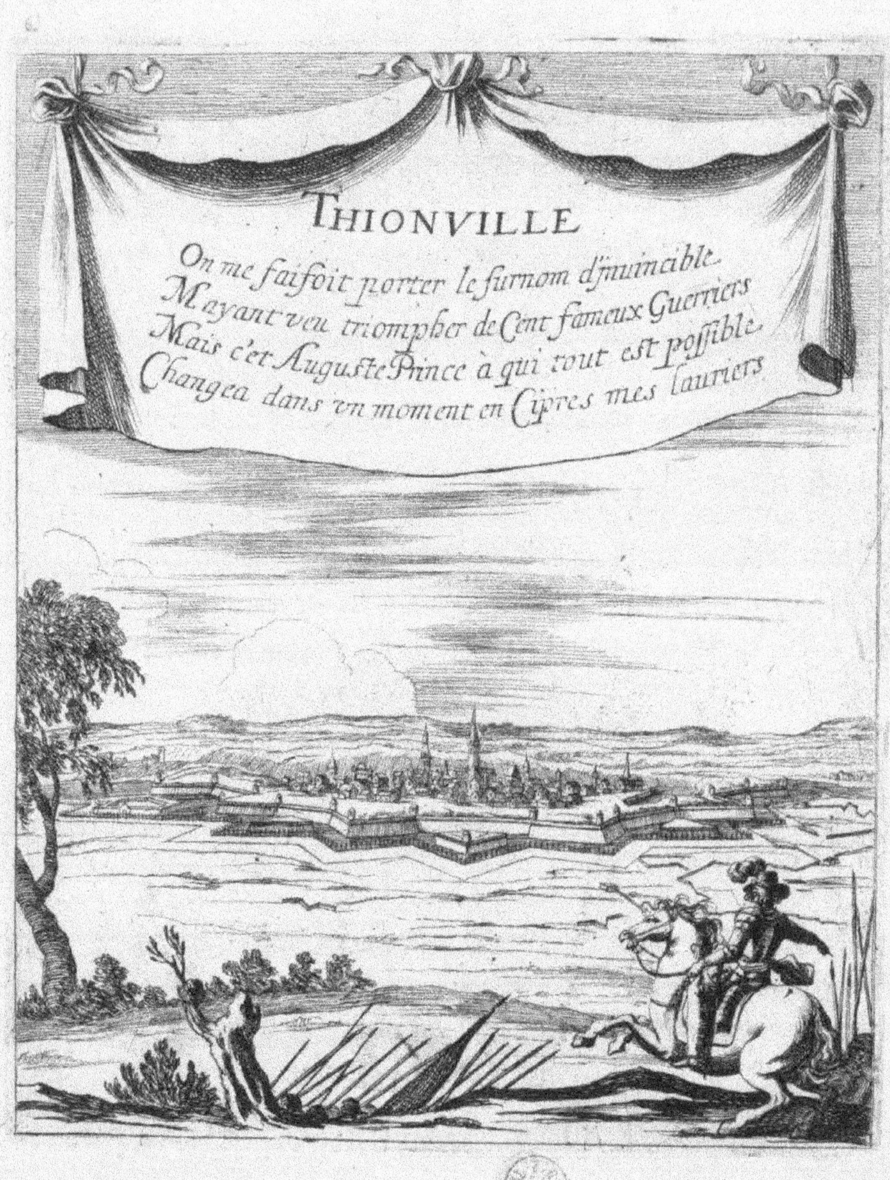
THIONVILLE
On me faisoit porter le surnom d'inuincible
M'ayant veu triompher de Cent fameux Guerriers
Mais c'et Auguste Prince à qui tout est possible
Changea dans vn moment en Cypres mes lauriers

ONSEIGNEVR le Duc d'Anguien, apres auoir fait trembler toutes les prouinces des Pays-Bas, au seul bruit de sa demarche, passe la Muse à la veuë des Espagnols, & les rend spectateurs & tesmoins de la circonuallation qu'il fait & des trenchées qu'il ouure deuant les murailles de cette inuincible Thionuille. De vous representer maintenant sa valeur dãs les attaques, sa prudence dans les conseils, & sa fortune dans le succez de tous les ordres qu'il donne, vous en lirez les merueilles dans la discription particuliere du siege de cette place. Sçachez seulement que ce grand Prince estant partagé en autant de parties qu'il y auoit de Capitaines en son armée, luy seul portoit dans sa teste le soin de tous ensemble ; & exerçoit leur charge en faisant exactement la sienne. Ie veux que par vne grace particuliere de la nature, elle l'eut desia fait viellir dans les armées, en luy donnant la lumiere de l'experience, sans l'aide du temps, il ne laissoit pas d'estre tousiours en action, soit d'esprit, soit de corps, puis que l'vn conseilloit, ce que l'autre deuoit faire.

Representez vous en suitte, que sa presence ayant cette vertu particuliere de donner du courage aux plus timides, & vne nouuelle hardiesse aux plus courageux, il s'exposoit le premier dans les dangers pour en partager le malheur, ou la gloire. Et c'est le recit de ces belles actions qui le rend auiourd'huy beaucoup plus considerable par son merite, que par sa naissance, quelque illustre qu'elle puissent estre.

Certes ie m'imagine qu'il y auoit foule à suiure ce ieune Heros pour l'etudier seulement, puis que toutes ses paroles & toutes ses actions estoient dignes de remarque. Le bruit des mousquets & des canons auoit tant de melodie pour ses oreilles, qu'il ne se lassoit iamais de l'ouyr, & le mespris de la mort luy en auoit rendu le visage si familier, que le sien ne palissoit iamais à sa rencontre.

Considerez en mesme temps, la force des

ennemis

ennemis retranchez & couuerts d'vn rempart hors descalade: l'assiette auantageuse de la place, fortifiée regulierement, & remplie de munitions de guerre, & en suitte le courage & l'experience d'vn fidelle Gouuerneur, qui ne se deffendoit que pour la gloire de son Maistre, plustost que pour l'interest de sa fortune: Et apres tirez les consequences des auantages que remporte ce fameux Prince, d'auoir forcé ces puissants ennemis dans leurs retranchemens à receuoir ses ordres, comme vn simple Soldat de son armée, d'auoir pris cette imprenable Forteresse, & reduit à sa mercy celuy qui la deffendoit. C'est sur ces solides fondemens que i'establis auiourd'huy la reputation de ce grand PRINCE, pour la mettre à l'espreuue & du Temps, & de l'Enuie.

Alexandre iette les premiers fondemens de son nouueau trosne sur les ruines de cette fameuse Halicarnasse, & pour faire voir à ses mal-heureux habitans, qu'en chngeant de Maistre, il changeoient de fortune à leur auantage, il leur donne la vie, & leur laisse la liberté.

MONSEIGNEVR le Duc d'Anguien

s'estant fait iour dans les rempars de Thionuille, à la lumiere de ses canons, s'ouure autant de portes qu'il y a de breches, & l'ordre de l'assaut general estoit desia donné, quand les habitans touchez du regret de leur inutille resistence, luy portent les clefs de la ville auec cette tres-humble priere d'agreer, & leur repentance,& leur soubmission.

Ce Prince tousiours genereux se laisse persuader par ces miserables, la compassion d'eux-mesmes, & faisant grace à tous ensemble leur impose de si douces loix, qu'apres auoir admiré sa valeur, ils sont contrains de loüer hautement sa clemence.

Et comme toutes les vertus sont enchaisnées ensemble, sa Pieté, sa Continence, & sa Iustice leur demandent encore des nouueaux Eloges. Ie dy sa Pieté, puis qu'on le void aussi tost dans l Eglise, que dans la ville, pour rendre le premier hommage de cette conqueste au Dieu des victoires: Ie dy sa Continence, puis qu'il entre dans l'vne, auec autant de respect & de veneration, que dans l'autre. Et ie dy sa Iustice, puis qu'il l'exerce si exactement en faueur des vaincus, qu'à peine s'entent-ils les chaisnes de leur nouuelle seruitude.

Alexandre ne s'est pas plustost rendu maistre d'Allicarnasse, que toutes les autres villes voisines attendent le vainqueur à la porte pour luy en offrir les clefs, mais comme ce Conquerant veut des Royaumes entiers pour satisfaire son ambition, il mesprise toutes les couronnes, qu'on luy offre, si elles ne sont de ce prix là. Ses armes victorieuses portent son autorité iusques à la haute Phrigie, & s'il ne se lassoit desia de suiure sa fortune, il estendroit ses limites beaucoup plus loin, sans employer d'autre force que celle de son Nom, & de sa Renommée.

MONSEIGNEVR le Duc d'Adguien Vainqueur de Thionuille, porte si loing & si heureusement le bruit de ses armes, que tout le pays de Luxembourg est en branle & à la veille d'vne reuolte, pour secoüer le joug de sa dure captiuité. La reputation de ce ieune Heros à de si puissans charmes, qu'elle fait des intrigues, & forme des partis en sa faueur dans les villes ennemies. De sorte que les Espagnols, & les Flamans, quoy que sujects d'vn mesme Prince, ont de differens sentimens, quand il s'agist de resister à ce fameux

Conquerant. Si les vns prennent les armes, pour luy deffendre l'entrée des villes, les autres prennent les clefs pour luy en ouurir les portes : Et comme le party de ceux-cy se trouue le plus fort il se rend Maistre de Cirque à ses seules aproches. Apres cette nouuelle cõqueste il repasse la riuiere & s'en va à la rencõtre de Bec, qui commandoit vne armée dans le Luxembourg, auec dessein, ou de l'engager au combat, ou de le contraindre à la fuitte. Ce qui luy reüssit sans auantage, puis que ce dernier ennemy luy osta en fuyant la gloire de ioindre les trophées de sa defaite, à ceux que la mort de ses compagnons luy auoit fait remporter, dans la bataille de Rocroy. La fin de ceste campagne fut couronnée du succez de l'entreprise qu'il fit de conduire son armée triomphante iusques au bord du Rein, ou le Mareschal de Guebrian l'attendoit. De là retournant sur ces pas, il s'en reuint à la Cour, sans faire bruit, mesme en chemin, comme si par vn excez & de modestie & d'humilité, il eut desia perdu le souuenir de toute la gloire qu'il auoit meritee.

Il fait son entrée à Paris, sans equipage, & sans suitte, pour tesmoigner à leurs Majestez qu'il ne cherche l'honneur du triomphe, apres tant de victoires, que dans les soubmissions & dans les respects qu'il leur vient rendre luy mesme, puis que tout l'esclat qui l'enuironne, procede de la lumiere dont ils sont la source. Et c'est en cette action que ce grand Prince, s'est rendu digne de ce surnom, & de toutes les loüanges qu'on luy a données. Il porte ses couronnes de laurier aux pieds du Roy, ou s'aquittant de son deuoir, il reçoit comme dans vn nouueau Capitole, tous les honneurs qu'on y rendoit autrefois & aux Scipions, & aux Pompées? Ouy cette mescognoissance de sa propre grandeur, & cét oubly volontaire, de tous les Eloges qu'il a si iustement meritez, l'esleuent aujourd'huy si haut, dans l'estime publique, que ie laisse le defy à l'Histoire de nous fournir l'exemple d'vn Prince si parfait que luy.

Qu'on publie hautement la modestie de Scipion l'Africain, quand il refusa du Senat l'honneur du triomphe, apres la conqueste des Espagnes, son interest parut tousiours dans sa modestie, puis qu'il ne refusoit cet auantage que par compliment, pour l'obliger à le luy rendre par raison. Mais MONSEIGNER le Duc d'Anguien, bien loin de souhaiter le mesme honneur, apres tant de victoires, arriue à Paris au desceu de tout le monde, & descend à la porte du Palais Royal, comme vn simple Courier. Certes ceux qui ont remarqué ses actions, iugent qu'en cette derniere, sa modestie & son humilité, ont acheué la couronne que ses autres vertus auoient commencée pour le combler d'honneur,

Toute la Cour à beau le visiter chez luy le lendemain de son arriuée, il reçoit les complimens des vns, & les ciuilitez des autres, auec tant de moderation, qu'il faut deuiner sa ioye. Ce n'est pas qu'il ne tesmoigne vn extréme contentement, quand on le felicité des grand auantages qu'il a remportez sur les ennemis, mais cette satisfaction ne procede que du repos de sa conscience pour s'estre acquitté de son deuoir, en seruant fidelement son Prince. Si on luy parle de ses combats il en attribuë toute la gloire à Dieu, & tout le bon-heur aux armes du Roy puis qu'il n'a triomphé qu'auec elles. Ce qui le rend admirable aux yeux mesmes de l'enuie, le voyant inuincible contre les apas de cette volupté permise, que la memoire des belles actions produit dans nos ames.

Alexandre tousiours ambitieux d'honneur

né pouuant borner ses conquestes que de l'étenduë de toute la terre, se resoud, apres auoir fait hyuerner son armée dans le pays des ennemis, de suiure sa fortune pour combatre Darius en personne, ou du moins le rendre tesmoin & spectateur du pillage, & de la ruine des principale, villes de la Cilicie. Et du dessein venant aux effects, il suit le chemin de ses premieres victoires, & fait entrée dans la forte ville de Soly, ou apres auoir persuadé ses soldats d'aller au deuant de son ennemy, par la seule eloquence de sa franchise ordinaire, ne forçant personne à le suiure, Il vient camper auprez de la ville d'Issis, où la resolution est prise de donner bataille à Darius, sans considerer ses forces.

Tout reüssit à son auantage, Darius se treuue estonné de la presence d'Alexandre, ou pour mieux dire de la grandeur de son courage, puis qu'auec trente mille hommes seulement, il à la hardiesse d'attaquer vne armée beaucoup plus grande dans son camp, retranché de tous costez. Mais comme ce ieune Monarque ne tenoit iamais le conte du nõbre de ses ennemis que dans leur defaite, il leur donna bataille apres les auoir forcez au combat, pour deffendre leurs vies seulement, puis que la crainte leur oste d'abord l'esperance de la victoire. Ce n'est pas que dans l'extremité où ils se voye reduits, où de mourir, où de vaincre, les plus lâches ne facent quelque effort pour retarder leur perte ; mais comme ce nom d'Alexādre, & ce surnom d'inuincible n'est qu'vne mesme chose en leur creance, cette premiere ardeur de courage s'allantit peu à peu, & leur force diminuë à toute heure. De sorte que la plus grande partie sert de victime à la iuste cholere du vainqueur, en expiation du crime de l'auoir excitée. De vous representer maintenant toutes les actions de ce fameux Monarque en cette bataille, soit par le nombre des soldats qu'il a tuez de sa main, soit par les ordres qu'il a donnez & executez luy-mesme à l'instant, pour prendre son auantage : où soit encore par l'exemple de son abandonnement dans les perils, sçachant la vertu qu'il auoit d'animer les plus timides. Ma plume ne vole pas si haut, il suffit que toutes ces merueilles, & vn nombre infiny d'autres, dont les morts seulement ont esté tesmoins, vous seruent de suject d'admiration, à l'auantage de celuy qui les a faites.

FRIBOVRG
Ce Jeune Conquerant, ce foudre de la guerre
Qui ne cherche l'honneur qu'au milieu des hasards
Dans mes retranchemens plus uiste q'un tonnerre
Malgre tous mes effors planta ses estandars.

SECONDE CAMPAGNE

ONSEIGNEVR le Duc d'Anguien sortant vne seconde fois en campagne, aux tristes nouuelles de la mort de Monsieur le Mareschal de Guebrian, pour reparer de sa seule presence, le dommage que la perte de ce grand Capitaine auoit causé, donne le rendez-vous de l'armée auprez de Sedan, où se treuuant des premiers en personne, fait cette Harangue en peu de mots à ses soldats, QVI M'AIME ME SVIVE, dans le dessein qu'il a de passer le Rein, pour faire leuer le siege de Fribourg, & porter les armes du Roy iusques aux extremitez de l'Allemagne.

Admirez la vertu de ces paroles qui font resoudre à l'instant quinze mille hommes, non seulement à suiure ce grand Prince iusques aux extremitez de l'Allemagne, mais aux extremitez de la terre, sans autre condition que d'auoir part à sa fortune.

Il ne persuade pas ses soldats comme Darius, par l'interest de leurs femmes, & de leurs enfans, mais plustost comme Alexandre, par la seule consideration de soy-mesme, ne pouuant souffrir à sa suitte que des esclaues volontaires, enchaisnez par le cœur, plustost que par les mains, ie veux dire par l'amour plustost que par le deuoir.

Il fait rafraichir en passant son armée à Brissac, où ayant nouuelles de la prise de Fribourg il ne laisse pas de continuer sa marche pour s'aprocher de l'ennemy, & luy arracher des mains les lauriers de cette conqueste. Et deslors qu'il a joinct l'armée de Monsieur le Mareschal de Turene, à la veuë de Fribourg, il tient conseil de guerre, où il est resolu d'vne commune voix qu'on attaqueroit les ennemis, dans leurs retranchemens. D'abord son Infanterie estant repoussée, il met pied à terre, & auec vne pique à la main, execute le premier tous les ordres qu'il donne.

Qu'elle gloire à vn Prince & de sa naissance, & de son aage, de faire le Capitaine pour animer ses soldats au combat, par la seule force de son exemple, comme s'il croyoit estre trop foible pour se faire obeyr en qualité de General, par le seul pouuoir de son commandement. Les ennemis ont beau immoler deuant ses yeux la plus grande partie de ceux qui ont l'audace de les attaquer : son courage qui n'a iamais treuué de peril assez grand pour retarder d'vn seul moment ses entreprises, s'augmente à la mesure de leur resistence. Qu'il voye sa cuirasse au trauers la fumée des canons, enfoncée en diuers endroits des coups de mousquet, rien ne l'estonne, il auance tousiours, l'horreur des dangers, les cris des mourans, l'effroy des morts, & moins encore la force redoutable d'vn grand nombre d'ennemis retranchez, ne peuuent le faire songer à la retraite, la nuict seule, & l'affection qu'il à pour ses soldats, luy font à la fin resoudre. Mais ne croyez pas qu'apres tant de peines, il goute les douceurs du repos, la vigilance de son esprit l'emporte sur la lassitude de son corps, il ne pense la nuict qu'aux moyens de vaincre le lendemain ses ennemis, & reparer par des nouueaux efforts le dommage qu'il peut auoir encouru par leur opiniastre resistence. En effect dés la pointe du jour, il recommence ses attaques, & apres auoir donné ses ordres en qualité de General, prend la qualité de Capitaine pour la preseance, puis celle de soldat, pour l'execution. Ce qui luy reüssit si heureusement, apres vn long combat, & vne longue resistence, qu'il se rend maistre des premiers retranchemens de l'ennemy, & d'vne partie de leurs forts. La nuict sonna encore la retraite pour tout le monde, fors que pour luy seul, puis qu'il ne trouue son repos que dans sa vigilance ordinaire, songeant tousiours aux moyens de triompher des ennemys. Et ses vœux sont bien tost exaucez, puis que le troisiesme jour s'estant engagé à vn combat, il trouue le moyen d'en sortir victorieux, en jettant son baston de General, comme il faict, au milieu des ennemis: car cette action extraordinaire, digne de l'admiration de tous les siecles, anime tellement ses soldats à renouueller leurs attaques, auec tant d'effort & tant de succez, pour aller à la conqueste d'vne nouuelle Toiſon, dont ce Baſton marquoit le prix, qu'ils ſe rendent maiſtres à ſa ſuitte, en peu de temps, de tous les retranchemens, & de tous les forts de l'ennemy, apres auoir mis à mort, ou en fuitte, tout ce qui ſe trouue dedans.

C'eſt icy où l'on peut voir ce grand Prince à découuert, puis qu'en cette derniere action, ſon Courage, ſa Valeur, ſa Prudence, & ſa Fortune ſe font admirer également. Ie dy ſon Courage ſans pareil, puis que l'horreur des perils & l'effroy de la mort n'ont pas le pouuoir ſeulement de luy faire changer de viſage: Ie dy ſa Valeur, mais ſans exemple, puis qu'elle ſeule le perſuade de faire des miracles en forçant des rempars inacceſſibles: Ie dy ſa Prudence, mais hors de comparaiſon, puis que dans vn deſſein le plus hardy qui fut iamais, elle luy en a fait voir le ſuccez ſelon ſon attente: Et ie dy enfin ſa Fortune, mais inouye & toute pleine de merueilles, puis qu'elle le faict ſortir tout couuert de ſang d'vn combat de trois iours, le plus funeſte qui ſe puiſſe voir, ſans bleſſure. Conſiderez maintenant à loiſir la glorieuſe inuention dont ce fameux Prince ſe ſert pour remporter vne victoire, si long-temps disputée; il iette son baston de General dans le dernier fort des ennemis, comme vn prix d'honneur qu'il expose à l'ambition des plus courageux, apres s'estre resolu de pretendre luy-mesme à sa conqueste, pour le meriter deux fois. Chose estrange, ce Baston à tant de charmes qu'il donne du courage en vn instant à ceux qui n'en ont point, puis que les plus timides transportez d'vne fureur qui leur est incogneuë, se font vn chemin en l'air, s'esleuant au dessus de leurs forces sur la pointe des rochers, dont les pantes sont autant de precipices. Et leurs efforts prodigieux deuancez par ce grand Prince qui leur sert de guide, ont vn succez si fauorable que tout cede à son Destin, où son Courage, se voyant enfin couronné dans vn dernier combat.

On remarque d'Alexandre, qu'au siege de la ville d'Oxiadraques, s'estant auancé des premiers à l'escalade des rempars, il ne treuua point de plus prompt moyen pour se rendre maistre de la ville, que celuy de se ietter de haut en bas dedans, sçachant bien que ses soldats se precipiteroient à l'enuy l'vn de l'autre, comme ils

ils firent dans le dessein de vaincre ou de mourir en suiuant sa fortune. Et comme en cette action Alexandre est son seul exemple, on peut dire aussi de MONSEIGNEVR le Duc d'Anguien, que luy mesme est son modelle, dans cette semblable qu'il a faite, puis qu'en jettant au milieu des ennemis son baston de commandement, qui en cette rencontre estoit sa seule marque d'honneur, il s'y ietta de volonté luy mesme, & il est croyable que si l'occasion du choix se fust offerte, il se seroit abandonné dans ce glorieux peril, pour en remporter auec les auantages qui nous en demeurent, toutes les iustes loüanges qu'on luy a données.

Alexandre vainqueur de Darius, & de la plus grande partie de ses forces, se void maistre dans vn instant & de Syrie, & de la Phenicie. La seule ville de Tyr si fameuse, & pour son assiette, & pour ses rempars, voulut esprouuer à sa ruine, si la renommée de ce Conquerant estoit aussi grande que son bruit. Il l'assiegea & par mer & par terre, & l'opiniastre resistence des ennemis, ne leur fust vtile que pour retarder leur perte de quelques iours. Ce n'est pas que cette ne ville parut d'abord imprenable à tout le monde : mais ceux qui faisoient ce iugement ne conside-roient pas aussi que celuy qui l'asiegeoit estoit inuincible.

Philisbourg
Gustave fut deux ans à vaincre ma puissance,
Pour me sousmettre au joug du plus Juste des Roys;
L'Espagnol me reprit, & ce Mars de la France
Par la force en dix jours me remit sous ses Loix.

MONSEIGNEVR le Duc d'Anguien apres auoir defait l'armée de l'Empereur dans les retranchemens de Fribourg, où elle auoit cherché inutillement son azille : Apres dis-je auoir gaigné cétte importante bataille de trois iours de combat, & reduit ses ennemis à l'extremité de se rendre à discretion, entre triomphant dans l'Allemaigne, & assiege d'abord cette fameuse forteresse de Philisbourg, qui seruoit de rempart, & au Palatinat, & à la Bauiere. A voir cette place dans son assiette seulement, les plus grands Capitaines manquoient tousiours d'hardiesse, pour se resoudre à l'attaquer, puis que de tous costez elle leur paroissoit imprenable : Mais MONSEIGNENR le Duc d'Anguien, dont la valeur & la fortune se rendent tousiours garantes du succez de ses desseins, se fait vn chemin tout nouueau, & pour l'assieger & pour la prendre, apres auoir ouuert du premier iour ses trenchées: car à moins de trois semaines il contraint & le Gouuerneur & les Habitans d'implorer sa clemence, ne pouuant plus resister à sa valeur. Cette superbe, cette inuincible, cette imprenable Philisbourg qui donnoit le defy à tous les Roys de la terre de l'attaquer seulement, se voit forcee dans vingt iours, par vne armée veritablemẽnt victorieuse; mais dont le soldats estoient tous lassez de tuer, d'ouurir les portes à ce grand DVC D'ANGVIEN, de peur qu'il n'y entre par la bresche. Ne vous estonnez pas toutesfois de ces merueilles, celuy qui les a faictes nous en promet tous les iours de plus grandes.

Le bruit de la prise de Tyr seruoit de nouuelle armée à Alexandre pour conquerir les Prouinces & les Royaumes, sans employer d'autre force que celle de la renommée de son nom. La ville de Milet le receut auec des feux de ioye: celle de Menphis auec des aclamations d'allegresse, & en suitte les plus importantes de l'Egypte chercherent leur seureté dans leur soubmission.

Certes tous les peuples souspiroient également apres la douce seruitude de ce nouueau Monarque, comme tirant vanité d'estre au nombre de ses suiects, puis que toute la terre estoit le trosne de son Empire. Tout le monde venoit en foule au deuant de luy, non pas pour l'attaquer, & moins encore pour se deffendre, mais plustost pour luy rendre hommage en adorant ses vertus, & toutesfois on pouuoit croire qu'auec toutes ses forces, & toute sa fortune, il couroit hazard d'estre vaincu par cette sorte d'ennemis, puis qu'ils ne l'attaquoient, qu'en lny iettant des couronnes à la teste.

Les nouuelles de la prise de Philisbourg portent encore si loin & si heureusement la Renommée de son vainqueur, que l'Allemagne en est aux alarmes, Spire subit ses loix auec soubmission, Vormes se renge de son party, Oppenhein luy presente les clefs de ses portes, & Mayence le demande pour son protecteur. Ce fameux conquerant n'a plus besoin d'armée dans l'Allemagne, puis que comme vn autre Alexandre il assujetit par la seule force de son nom, tous les diuers peuples qu'il trouue en son chemin. Ne croyez pas pourtant que sa valeur seule, quoy qu'inuincible, produiſe toutes ces merueilles: Sa Clemence & ſa Generoſité trauaillent égallement à cet ouurage, puis que toutes enſemble font les preparatifs de ſes triomphes.

Ie me perſuade qu'il y auoit vn extréme contentement à voir l'entrée triomphante de ce grand Prince dans Mayence, apres y auoir eſté ſouhaité auec paſſion, & attendu auec impatience de tout le peuple. Ce n'eſt pas que ſon equipage fut magnifique, mais il eſtoit tout éclatant d'honneur, comme enrichy des trophées de ſes victoires: Ce n'eſt pas que ſa ſuitte fut pompeuſe, mais elle eſtoit toute brillante de gloire, puis que la Nobleſſe qui le ſuiuoit n'auoit d'autre ornement que celuy de ſes bleſſures. Ce n'eſt pas diray-je encore que ſon armée qu'oy que victorieuſe fuſt parée des deſpoüilles des ennemis, mais pluſtoſt de leur ſang, & cette parure eſtoit d'autant plus admirable, qu'elle luy auoit couté bien cher. De vous dire maintenant auec quelles acclamations d'allegreſſe ſon Alteſſe y fut receuë, quels honneurs on luy rendit, & de combien de feux de ioye on prolongea le iour de ſon entrée par leur nouuelle clarté: De vous repreſenter encore la ſatisfaction particuliere que les

Dames

Dames eurent de voir à leur aize, vn si ieune Prince tout chenu d'experience: de contempler à loisir vn si grand Conquerant à l'entrée de sa cariere: de considerer à diuerses fois, vn si fameux vainqueur, aux premiers iours de son prin-temps. Et d'admirer à tous momens, cet Ouurier de tant de merueilles, ce Faiseur de miracles, ou pour mieux dire en vn mot, ce fameux DVC D'ANGVIEN, puisque c'est le nom propre auiourd'huy de tout ce qu'il y a de diuin en la nature, vostre imagination quoy que plus eloquente que ma plume, ne vous sçauroit representer qu'vne partie de ce qui en est.

Alexandre tousiours ambitieux d'honneur ne songeoit iamais qu'à acquerir des nouuelles Couronnes; comme s'il eut eu ce noble defaut d'oublier celles qu'il auoit des-ia remportées, & cette heroïque perfection de souspirer sans cesse apres la gloire qu'il ne possedoit pas. En effect, il mesprisoit si fort tous les auantages que sa valeur luy auoit fait acquerir, qu'on pouuoit croire qu'il en pretendoit de beaucoup plus grands encore ne pouuant donner des limites à cette grande ambition, dont il estoit iustement anime. Ce qui augmentoit de plus en plus la pasion qu'il auoit d'en venir encore vne fois aux mains auec les Perses, apres auoir cognu dans l'experience du combat, que l'asiette du champ de bataille, ny la force de leur nombre prodigieux n'estoient pas considerables pour luy hoster l'esperance sensible d'vne victoire certaine, puis que le courage leur manquoit, lequel en ces rencontres fait tousiours les preparatifs du triomphe. Et certes leur fuitte continuelle tesmoignoit publiquement leur lacheté & auec d'autant plus d'aparence qu'ils se méfioient de leur force, quoy qu'elle fut hors de comparaison. Il est vray que le bruit de ce nom d'Alexandre esclatoit si haut à leurs oreilles qu'ils en estoient reduits dans de continuelles alarmes, comme s'ils n'eussent pû penser à luy, sans penser à la mort, puis que sa rencontre leur auoit esté tousiours funeste.

Ils ont beau fuyr toutesfois deuant ce Monarque sur leur propre terre, ils n'ont d'autre liberté que celle de retarder leur perte, & de choisir la place de leur tombeau. Alexandre poursuit Darius auec tant de vitesse que ce mal-heureux Prince se trouue à la fin contraint de tourner visage, apres s'estre resolu vne derniere fois de tenter le peril d'vne derniere bataille.

NORLINGHEN
Craignant, de ce Heros la force redoutable
Ie voulus triompher de mon propre malheur
Par ma soûmission ie vainquis ce Vainqueur
Et domtay sans combat ce courage indomtable
F. C. in. Mcenesson sc.

TROISIESME CAMPAGNE.

LES grands auantages que MONSEIGNEVR le Duc d'Anguien auoit remportez sur les ennemis, dans ses dernieres campagnes, soit en la bataille de Fribourg, soit en la prise de Philisbourg, de Vormes, de Mayance, de Spire, d'Oppenhein, & de beaucoup d'autres places, luy estoient si considerables, qu'il souffroit à peine qu'on luy en renouuellast la memoire, comme s'il eut esté honteux de tenir conte de ses victoires, & de ses triomphes à l'entrée de sa cariere, & au premiers iours de son Prin-temps. Ce qui l'obligea de sortir vne troisiesme fois en campagne, auec dessein de contraindre l'ennemy, ou a fuyr tousiours, ou a donner bataille: Et le bon-heur voulut en faueur de ce Genereux Prince, qu'il reüssit en son entreprise puis que l'armee ennemie decampoit tous les iours à ses approches, fuyant deux mois entiers deuant luy, sans pouuoir trouuer vne assiette de camp assez auantageuses pour en venir au combat. Ce n'est pas qu'on puisse blasmer d'abord la conduite des ennemis, dans la resolution d'euiter la necessité de donner bataille, apres auoir esté battus si souuent iusques dans leurs retranchemens; mais toutesfois il faut auoüer que leur fuitte estoit ausi imprudente que necessaire, puis qu'en diminuant leur courage, elle augmentoit celuy de leur vainqueur: Et la honte de ces fuyards estoit d'autant plus grande, qu'ils abandonnoient leur pays au pillage, pour retarder seulement de quelque peu de iours le malheur de leur defaite.

Il est vray que ce fameux Prince s'estoit rendu si redoutable en tous lieux, par la grandeur de son courage, que les plus incredules adioustoient foy au miracles de sa valeur, & auec d'autatt plus de raison qu'ils n'en pouuoient faire l'epreuue qu'à leur honte, & à leur dommage, puis qu'à son abord l'vn & l'autre estoient ineuitables. Ce qui autorisoit en quelque façon leur fuitte continuelle; estant timides par necessité, & sages par experience.

Mais comme la fortune accompagnoit par tout ce ieune Heros, de mesme que la victoire le suiuoit, il fut si heureux qu'il lassa ses ennemis au chemin de leur fuitte, & les obligea à la fin d'en venir au combat, apres leur auoir donné le temps de treuuer vn poste si auantageux que son asiete augmentoit de beaucoup leurs forces.

Alexandre eut la mesme fortune, reduisant Darius à l'extremité de donner bataille, apres vne fuitte de cent lieuës; & certes si cét infortuné Monarque ne se fut resolu au combat pour reparer en quelque sorte la honte de reculer tousjours deuant vne armée beaucoup plus foible que la sienne, Alexandre l'eut suiuy iusques aux extremitez de la terre, quoy qu'il fut desia persuadé, que c'est vaincre son ennemy, de le contraindre à la fuitte.

Darius vint camper dans les plaines de Bumodié, afin de mettre au large son armée, croyant que sa seule veuë auroit cette vertu de vaincre ses ennemis sans combat; mais il cognut bien tost par vne nouuelle experience que la valeur triomphe du nombre, & que le courage des soldats, fait toute la force de l'armée.

De vous representer icy la ioye d'Alexandre à la veille du jour du cõbat, ce sont des veritez qui ne se laissent cognoistre, que par ceux qui sont capables de les ressentir, dans la passion qui les possede, ou de vaincre, ou de mourir, ne pouuãt trouuer de milieu pour leur repos, entre ces deux extremitez. Il met son armée en bataille à la veuë de l'ennemy auec vn si bel ordre, qu'on tire d'abord des fauorables coniectures de l'auantage qu'il doit remporter de ce dernier combat.

Ne croyez pas aussi que ie vous puisse exprimer la satisfaction particuliere que MONSEIGNEVR le Duc d'Anguien reçoit au premieres nouuelles que l'ennemy l'attend de pied ferme pour en venir aux mains: ce sont des plaisirs dont la nature m'impose silence, n'estant affecté qu'à vn cœur comme le sien vrayement Royal, & tout heroïque, Ce Prince a beau estre tout couuert de Lauriers, il en veut cueillir tous les iours des nouueaux pour s'en faire des nouuelles couronnes

Couronnes: Et par ce que celles qu'il desire luy sont beaucoup plus agreables que celles qu'il possede, il a du mespris pour les vnes, & de l'ambition pour les autres.

Les deux armées de Darius & d'Alexandre estoient en presence quand le signal de la Bataille se donna pour en venir aux mains. D'abord la meslée fut sanglante & funeste de tous costez. Mazeus General de la Caualerie Persienne se fit iour dans les plus espais bataillons des Macedoniens, apres le premier desordre que les chariots armez de faux auoient causé, & la desroute parut si grande en l'aisle gauche que Clytus qui la commandoit, se vit tout à coup abandonné fors que des Capitaines & des autres Officiers, qui par honneur soustenoient en fort petit nombre, les efforts inuincibles des ennemis; ie dis inuincibles, puis qu'ils ne trouuoient plus de resistence.

Mais Alexandre d'vn autre costé ayant mis à mort, ou en fuitte l'aisle droite de l'armée de l'ennemy, ou estoient ses plus grandes forces. La victoire tourna visage auec les Macedoniens à la honte des Perses, puis qu'ils ne ioüirent pas long-temps des auantages que la Fortune leur auoit donnez, plustost que leur valeur. Ce n'est pas que la resistence ne fust grande, & le combat opiniastré, par ce que comme le nombre des Perses estoit prodigieux, la defaite d'vne partie paroissoit si peu considerable, qu'il faloit de necessité les vaincre continuellement & en diuers lieux, ou par la force ou par la crainte, les obligeant à la fuitte, si l'on vouloit se rendre maistre du champ de bataille. Ce qui reüssit à la fin de cette sorte, par le courage inuincible, & par la prudence nompareille d'Alexandre. Car s'estant resolu d'aborder le char sur lequel Darius combatoit, quoy qu'il fust enuironné d'vn grand nombre de Princes, tous armez pour sa seule deffence à leur auantage, il remporta celuy de tuer de sa main le Cocher qui le conduisoit & la cheute de ce Phaëton, auec l'effroy des cheuaux, enuironnez d'vne foule de corps, agonisans, ou gisans morts sur la place, obligea Darius à se sauuer à la fuitte, sur le premier cheual qu'il rencontra, & Mazeus suiuant son exemple prit le chemin de Babilone, auec le reste de sa Caualerie, abandonnant de la sorte toute l'Infanterie au sort des armes.

Alexandre acquit beaucoup d'honneur en

cette victoire, non seulement par sa valeur, s'estant abandonné dans les perils auec vn courage, dont luy mesme estoit son exemple: mais encore, par sa Prudence s'estant porté si à propos dans toutes les occasions, où sa presence estoit necessaire, qu'on eut dit que la Fortune estoit d'intelligence auec son Genie, pour luy faire voir au gré de ses desirs, le succez de toutes ses esperances. Ce n'est pas qu'il n'achetast bien cher les Couronnes de ce triomphe, puis qu'il en couta la vie à deux mille Macedoniens, sans mettre en conte les blessez, qui estoient en plus grand nombre.

La desroute des Perses fut grande, leur malheur extréme, & leur dommage irreparable, quarante mille y demeurerent sur la place; & la crainte & le desespoir n'en blesserent pas moins, mais d'vne attainte mortelle, dans le chemin de leur suitte precipitée, puis qu'à chaque pas ils s'aprochoient du tombeau. La nuict toutesfois leur fut fauorable donnant loisir aux plus heureux, plustost qu'aux plus hardis, de chercher vn port parmy tant d'escueils, où ils peussent retarder de quelque temps seulement, la necessité de leur naufrage.

Les Habitans du bourg d'Arbeilles en porterent le lendemain les clefs au Vainqueur, & dans peu de iours s'estant ouuert le chemin pour la conqueste de toute la Perse, il ne treuua à sa rencontre que des esclaues volontaire, puis qu'ils venoient en foule au deuant de luy, pour luy demander & des chaisnes & des loix.

Il est temps de tourner la medaille, & de vous faire voir nostre grand Prince Vainqueur & triomphant vne troisiesme fois dans la troisiesme bataille, qu'il donne à ses ennemis. Il n'est pas plustost aduerty de la necessité où ils sont reduits de combatre, par vne trop longüe fuitte, comme estant desia à demy vaincus à force de lassitude, qu'il leur va au deuant, auec ce dessein de les attaquer à son ordinaire, iusques dans leurs retranchemens.

Des propositions il vient aux effets. Il n'a pas plustost mis ses gens en bataille, & donné ses ordres pour l'attaque, apres s'estre acquité des pieux deuoirs qu'vn Prince Chrestien a de coustume de pratiquer dans ces funestes rencontres, qu'il prie son Confesseur de faire en sorte, si Dieu permettoit qu'il fut tué dans ce combat, qu'on l'enterrast promptement sans ceremonie, au pied d'vn arbre, pour cacher sa mort à ses soldats, considerant le desordre que les nouuelles en pourroient causer dans son armée. Admirable Preuoyance, Heroïque magnanimité! de porter ses pensées au delà du tombeau, pour la gloire de son Roy, & pour la reputation de ses armes.

Il me souuient à ce propos des dernieres actiõs, toutes glorieuses, & dignes d'vne memoire immortelle, de ce fameux Prince de Condé, Bisayeul de MONSEIGNEVR le Duc d'Anguien L'Histoire remarque qu'estant blessé dans la bataille de Moncoutour, il ne voulut iamais permettre qu'on l'emportast dans sa tante pour le penser; sçachant le pouuoir que sa presence & sa voix auroient encore de persuader ses soldats, ou de vaincre, ou de mourir. Ce Prince prefere tellement l'honneur à la vie, qu'il oublie l'amour de celle-cy, pour aymer plus passionnement l'autre, puis qu'il employe le temps de sa guerison, aux pensées de rendre son mal incurable, en refusant les remedes, pour remporter ce seul auantage de voir la fin du combat, plustost que celle de ses iours.

Considerez maintenant les rapors, & les conuenancesqu'il y a entre ces deux Princes, quoy que leurs actiõs soient differẽtes. Celuy là cherche en mourant la gloire du triõphe dans le mépris de la vie, & celuy-cy, iugeant qu'il couroit hazard d'estre tué des premiers, s'asseure enquelque sorte du gain de la victoire, par le commandement de celer sa mort, puisque les nouuelles de son trespas pourroient causer la defaite de son armée. L'vn dis-ie estant hors de combat, treuue l'inuention de combatre encore, par l'exemple de son courage inuincible, l'autre auant qu'en venir aux mains, fait les preparatifs du triomphe, par la sage preuoyance du malheur qui luy peut arriuer. Ie vous laisse iuges des loüanges qu'il meritent, pour suiure mon Histoire.

MONSEIGNEVR le DVC D'ANGVIEN n'eut pas plustost tenu ce discours à son Confesseur, qu'il donna le signal de la bataille, dont voicy les ordres qui furent gardez de part & d'autre.

Gleen commandoit l'aisle droite de l'armée de l'ennemy, comme Mareschal de Camp de l'Empire. Mercy la gauche, auec toute l'armée de Bauiere, & Iean de Vert toute la cauallerie. L'assiette de leur camp estoit fort auantageux, commandant de deux costez par son eminence, & ayant au milieu le village de Donyavert, ou leur infanterie s'estoit retranchée, apres en auoir percé à iour toutes les maisons, & mis cinq cens hommes de reserue dans l'Eglise, & autant dans le Cimetiere, où ils furent enterrez sans y penser.

Toute nostre armée paroissoit en bataille sur deux lignes. MONSEIGNEVR LE DVC D'ANGVIEN estoit à l'aisle droite auec toute son armée. Monsieur le Mareschal de Grammont, à la teste de l'infanterie. Monsieur de Marcin derriere luy. Messieurs de la Moussé & Arnauld, à la teste de la Caualerie. Monsieur de Chabot commandoit le corps de reserue, & Monsieur le Mareschal de Turenne commandoit l'aisle gauche auec sa Caualerie. L'armée des Hessiens estoit commandée par le General Maior Geis.

Deslors que le signal de la bataille fut donné, nostre infanterie alla droit au village, & l'on detascha les enfans perdus, portant chacun vne botte de paille pour mettre le feu aux maisons. La Caualerie attendoit l'espée à la main, le succez de ce dessein.

Iamäis combat ne fut plus sanglant, ny plus funeste de tous costez, par ce que comme les ennemis se voyoient menacez de la mort, & par le feu, & par le fer, ils se deffendoient si puissamment de celuy-cy, pour euiter l'autre: qu'ils faisoient courre la moitié du peril à tous ceux qui auoient le courage de les attaquer. Vne grelle de coups de mousquets se faisoit entendre des vns auec horreur, & sentir des autres auec dommage, & la foudre des canons, frapant encore & les sens & les esprits d'vne nouuelle crainte, on ne pouuoit respirer que l'air enfumé de leurs feux ensouffrez, parmy les alarmes continuelles que les cris des mourans & l'effroy des morts causent en ces funestes rencontres.

Vne heure se passa en l'attaque du village, & durant ce peu de temps, MONSEIGNEVR LE DVC D'ANGVIEN fit à son ordinaire des choses incroyables, pour animer égalément de sa presence, de son action, & de sa voix, cette infanterie, dans les dangers ou luy-mesme l'auoit conduite. On le voyoit tantost dans la foule des ennemis, passer aussi viste qu'vn esclair qui menace de la foudre, puis que sa veuë estoit mortelle, à tous ceux qu'il rencontroit en son chemin.

Tantost

Tantost ayant eu deux cheuaux tuez sous luy, on l'admiroit à pied comme vn simple soldat, pour seruir de Capitaine à ceux qui n'en auoient plus, apres leur auoir fait vne nouuelle harangue par son seul exemple.

Quelle merueille de voir vn ieune Prince tout couuert de lauriers, en chercher des nouuelles Couronnes, au milieu des perils, & en presence de la mort, sans que ses horreurs qui font trembler tout le monde, ayent le pouuoir seulement de luy faire changer de visage. Il a beau estre blessé & au bras & à la cuisse, l'ardeur de son courage le rend insensible aux douleurs de ses blessures, ou pour mieux dire, cette noble passion d'acquerir tousiours de la gloire, le possede si puissamment, qu'il cour à perte d'aleine ou l'honneur l'apelle, sans prendre garde au sang qui coule de ses playes, comme s'il estoit immortel, aussi bien qu'inuincible.

Monsieur le Mareschal de Grammont qui suiuoit de prez ce Prince, à la teste de l'infanterie, s'interessoit tellement dans la gloire de l'imiter en ses plus belles actions, qu'il faisoit des miracles à son exemple. Ce n'est pas qu'il ne fut animé de sa propre valeur, mais comme il auoit la valeur mesme pour object en toutes ses ataques, & l'vn & l'autre l'obligeoient egalement à faire des choses inoüies.

Les ennemis qui auoient leur infanterie en bataille derriere le village, le remplissoit à toute heure de nouueaux soldats, à mesure que les blessez ou les morts leur faisoient place, ce qui augmentoit de beaucoup leur force, & toutesfois les nostres y ayant mis le feu, il les forcent de l'abandonner, & de chercher ailleurs vne honteuse retraite.

La premiere ligne de nostre Cauallerie alla attaquer à l'instant mesme la Cauallerie Bauaroise, commandée par Iean de Vert & Spar, & le malheur voulut que la nostre plia; que la seconde ligne en suitte prit l'espouuante, & se renuersant sur le corps de reserue, toute l'infanterie fut abandonnée.

Les ennemis pousserent nostre Cauallerie, iusques à nostre bagage, qui estoit à demy-lieuë du champ de bataille, sans qu'il y eut iamais moyen de la ralier.

Monsieur le Mareschal de Grammont, auec tous les principaux Officiers, estant contraint de payer de sa personne, se deffendit iusques à l'extremité, sans considerer l'inegalité du combat, dont l'issuë fut beaucoup funeste, puis que la plus grande partie y demeura sur la place, & luy-mesme y fut fait prisonnier.

Monsieur le Mareschal de Turenne, qui estoit d'vn autre costé, & qui obseruoit la contenance de l'ennemy, en attendant que MONSEIGNEVR LE DVC D'AGVIEN, se fust rendu maistre du village, comme il fit, prit son temps si à propos, qu'il alla fondre auec sa Caualerie Allemande, sur l'armée que commandoit le General Geleen, qui estoit en bataille, sur vne petite eminence. Les ennemis firent leur premiere descharge, mais ces vaillans Hessiens habituez dans les perils, franchirent ce premier sans s'estonner, & suiuant ce grand Mareschal de Turenne, qui leur frayoit le chemin de la victoire, ils en moissonnerent tous les lauriers, apres les auoir trempez dans le sang des ennemis, pour leur dõner plus de lustre. Cette armée fut defaite entierement, & l'on poursuiuit les fuyards, iusques au Danube, où le desespoir auoit preparé leur tombeau, ne pouuant passer plus outre.

Iean de Vert & Spar, reuenant sur leur pas,

pour ioüir des fruicts de leur victoire, se virent tout à coup en estat de seruir eux-mesmes de trophée au Vainqueur, par la defaite de toute leur infanterie Ce qui les obligea de chercher leur salut dans leur fuitte.

Certes ce fameux Mareschal de Turenne fit voir à son ordinaire, & tant de conduite, & tant de valeur en ce dernier combat, que si MONSEIGNEVR LE DVC D'ANGVIEN ne l'en eut loüé luy mesme publiquement, ie me fusse efforcé de representer en mes termes, vne partie de la gloire qu'il merite.

Enfin le Dieu des batailles, qui fait tousiours triompher la iustice, rendit victorieux pour la troisiesme fois ce ieune Heros. Ce n'est pas que nous n'ayons acheté bien cher cette victoire, mais la ioye du triomphe à cette vertu, d'effacer bien tost le souuenir des pertes qu'on a faites.

Quatre à cinq mille hommes y demeurent sur la place de part & d'autre. Les Hessiens firent mille prisonniers, & le Colonel Roze-Vorme prit le General Geleen pour son partage. Nous eusmes pour butin vn grand nombre de drapeaux, & douze pieces de canon qui furent les dernieres marques du gain de la bataille.

Ie ne vous representeray pas icy les noms celebres & illustres de ceux qui ont esté blessez, faits prisonniers, où qui sont morts, il me suffit de faire leurs Eloges dans l'Histoire, comme le seul Theatre, où l'on peut representer auec esclat la verité de leurs actions, pour en eterniser la memoire.

MONSEIGNEVR LE DVC D'ANGVIEN, coucha la nuict de ce beau iour dans sa tante, au milieu du champ de bataille, comme dans vn lict d'honneur, & le lendemain suiuant le chemin de ses victoires, dont la Renommée auoit desia semé le bruit en diuers lieux, les Bourg-Maistres de Norlinguen, se disposerent à luy porter les clefs des portes, pour subir ses loix.

Tout contribuoit à la gloire de ce fameux Vainqueur, puis que les ennemis mesmes en fuyant publioient par leur espouuente, en tous les lieux où ils passoient, que la resistence estoit inutille, & qu'on n'auoit d'autre choix pour éuiter la mort, ou la seruitude, que la fuitte, où la souzmission.

Mais quel reuers de Medaille, le Ciel voulut

tout à coup donner des limites aux conquestes de ce Prince, par vne maladie aparemment mortelle, dont il fut atteint. Certes ie cognus sensiblement aux premieres nouuelles qui en arriuerent, la haute estime qu'il s'estoit acquise parmy les peuples, puis qu'vn chacun s'interessoit dans la seule aprehension de le perdre, & ceste crainte estoit si commune, que les plus indiferens aux affaires du monde, prenoient party auec ceux qui ne l'estoient pas, pour se plaindre par auance d'vn mal, dont on ne voyoit que les menaces.

Le bruit de cet accident mit l'Europe en alarme, la France au desespoir, & Paris tout en dueil, s'estant des-ja resolu à le prendre pour ne le quitter iamais. Les Plaintes estoient publiques aussi bien que les regrets, & l'on ne voyoit point de visage à la Cour qui ne portast les marques, du déplaisir d'vne si triste nouuelle.

Il est vray que les vertus Heroïques ont cela de propre, qu'elles rauissent les cœurs auant qu'eux mesmes ayent la liberté de se donner, parce que comme elles charment d'abord & les sens & la raison, la volonté n'est plus libre au choix de l'indiference seulement, il faut de ne cessité qu'elle prene le party de l'amour.

MONSEIGNEVR le DVC D'ANGVIEN, nous fait voir l'exemple de ces belles veritez : Sa Valeur & sa Prudence egallement admirables l'ont esleué si haut, que l'enuie mesme quelque ialouse qu'elle soit, ne luy dispute plus le rang de Heros, que son seul merite luy a donné, & i'ose dire sans flatterie, qu'en Allemagne les enfans tremblent de respect & de crainte, en oyant proferer ce fameux nom D'AGVIEN, suiuant en cela l'exemple de leurs Peres, comme touchez des mesmes sentimens.

Mais enfin on peut dire que le Ciel exauça dãs vn moment les vœux de toute la terre, puis que tout le monde Chrestien fit des prieres pour la conualescence de ce grand Prince, & il est croyable que iamais maladie, ne fut plus contagieuse que la sienne ; si l'on considere le nombre des malades qu'elle fit, à force de regret & de tristesse, aux premieres nouuelles qu'on en eut.

Il suffit qu'on reuoye Alexandre au sortir de cette grande maladie, dont Philippe son miraculeux Medecin le guerit. C'est assez dis-je qu'apres tant de larmes qu'on auoit respanduës par auance sur le tombeau de ce grand Duc, on le contemple à loisir pour l'admirer à nostre ordinaire, & il est iuste qu'en recognoissance des TE-DEVM que sa valeur nous a faits chanter, & de tant de feux de ioye, qu'elle mesme nous a fait allumer, nous dressions à l'enuy des Autels à sa memoire, apres les auoir consacrez à l'Eternité.

La Fortune qui auoit declaré la guerre la premiere à Darius, le poursuit de si prez, qu'il est à la fin contraint de se rendre, & la seule consolation qui luy reste en sa defaite, c'est que la mort emporte toute la gloire du triomphe, puis qu'il meurt de la premiere attainte de son dernier mal-heur.

Alexandre verse des larmes sur son tombeau; mais ie veux croire que c'est de regret de n'auoir pû luy donner la vie, qu'on luy auoit ostée, afin qu'il mourut son esclaue, quoy qu'il ne fust pas nay son suiect.

Ce ieune Monarque qui cherchoit tousiours des nouueaux ennemis à combattre, treuue en son chemin les Abiens & les Sogdiens, armez egalement pour leur deffence, & tous ensemble se mettent en estat de luy resister dans les plus fortes places, n'ozant paroistre en campagne

gne deuant vn ennemy, qui ne disputoit plus que par diuertissement les prix de la victoire, puis qu'ils estoient affectez à sa valeur.

Il fait dessein, entrant dans leur pays, d'assieger Gaze, ville considerable, pour porter plus auant auec succez ses armes victorieuses. Ce n'est pas qu'elle ne soit de difficile abord, à cause des marais, dont elle est enuironnée, quoy que l'assiette en soit sablonneuse; mais son genie luy sugeroit tant d'inuentions pour faire reüissir son entreprise, que les plus difficiles changoient de face, deslors qu'il estoit resolu à les executer.

Il ne paroist pas plustost campé auec son armée deuant cette place, qu'il la somme de se rendre, & à son refus, s'estant fait vne superbe entrée de la ruine de ses rempars, il a malgré luy ce funeste plaisir, de voir immoler deuant ses yeux ces foibles ennemis, de sa reputation, & de sa gloire, à la seule reserue des femmes & des enfans, à qui sa clemence ordinaire donne la vie.

FVRNES
Je ne fus son premier ny son dernier Exploit
Son Nom seul me conquit, et quand il m'eut conquise
On douta de nous deux, qui le plus desiroit
Ou luy de me sousmettre, ou Moy d'estre sousmise .

QVATRIESME CAMPAGNE.

PREZ que MONSEIGNEVR le Duc d'Orleans fut ſorty vne ſeconde fois en campagne, pour aller à la conqueſte de Flandre, dont la priſe de Graueline, luy auoit donné les clefs, & qu'en peu de iours, il ſe fut fait maiſtre de Cortray, à la veuë des ennemis, pour en acroiſtre la honte. Apres disje, qu'il eut rendu inutile l'induſtrie des plus ſçauans Ingenieurs dans le fort de MardiK, où ſa valeur luy fit les preparatifs d'vn ſecond triomphe, il laiſſa à ſa place MONSEIGNEVR LE DVC D'ANGVIEN, comme ſeul capable de la remplir.

Ce fameux Prince voulant suiure le chemin des victoires que son Altesse Royale luy auoit frayé, se fait porter, tout malade qu'il est encore, au milieu de l'armée, pour donner ses ordres. Les premiers, sont ceux de son decampement, dans le dessein d'aller mettre le siege deuant Furnes. La carte du pays a beau luy faire voir les difficultez qui se rencontrent en cette entreprise, par le nombre des canaux qu'il faut passer, auant qu'en faire les aproches. Tous ces obstacles qui semblent grands à tout le monde, paroissent si petits à son iugement, que tenter & franchir le peril qui les enuironne, n'est en luy qu'vne mesme chose, puis que malgré l'effort de huict mille hommes, qui en deffendent le passage. Il se fait voir, auec son armée, aux portes de la ville. On la somme à mesme temps de se rendre, & sur le refus qu'elle en faict, il la contraint à coups de canons, d'implorer inutilement sa clemence, puis qu'il y entre à discretion.

Mais toutesfois ces conditions sont si auantageuses, qu'ayant faict prisonniers de guerre deux cens soldats qui se treuuent dedans, le reste du peuple n'a que la crainte du mal qu'il aprehende. Les Loix de discretion que ce Prince impose, ne sçauroient estre iamais rigoureuses, par ce qu'il est tousiours genereux; & c'est trouuer en quelque sorte les moyens de le vaincre, d'aprendre l'art de se souz-mettre à ses volontez. Il confirma aux Habitans tous leurs priuileges, pour leur faire cognoistre que le changement de leur fortune leur seroit aussi vtile que glorieuse.

On peut cependant remarquer à son auantage dans cette nouuelle conqueste, sa preuoyance, & sa sagesse au choix de son dessein, son courage, & sa diligence, en l'execution, sa magnanimité, & sa clemence, dans l'heureux succez de ses esperances, entrant comme par force dans vne ville ennemie, sans se seruir du droict souuerain de ses armes victorieuses. Il donne des Loix de discretion; mais il les reçoit luy-mesme pour y obeyr, le premier, mettant en pratique ses Bontez ordinaires en faueur de tout le monde.

La prise de Gaze, ny le chastiment exemplaire de la resistence inutile des Habitans, ne pouuant persuader ceux de leur party, d'implorer la clemence d'Alexandre, ils font dessein, tous d'vne commune voix, d'esprouuer encore ses forces, comme si l'experience que leurs compagnons en auoient desia faite, n'estoit pas assez funeste pour en aprehender l'euenement. Ils se fortifient de nouueau dans la ville de Cyrus, qui portoit le nom de son fondateur, comme dans vne place qui se deffendoit d'elle-mesme, soit pour l'assiette, ou pour le grand nombre d'Habitans, tous soldats, dont elle estoit peuplée.

Alexandre qui estoit aux écoutes pour aprendre de si agreables nouuelles, aprehendant tousiours la fuitte des ennemis, plustost que leur rencontre, assiege cette fameuse ville, auec toutes ses forces.

Les Barbares qui ne cherchent leur salut qu'en leur resistence, se deffendent contre ses attaques, auec tant d'effort, que les siens paroissent souuent inutiles. Il a beau mettre en employ ses machines de guerre, & promettre aux soldats le butin de la ville, pour exciter leurs courages. Cette mesme recompense qui anime les vns, fortifie les autres. Ce qui rend le combat si senglant, & si funeste de toutes parts, que l'esperance de la victoire se treuue également partagée, puis qu'vn chacun s'en promet les lauriers.

Alexandre qui ne s'est point encore flatté de cette vaine croyance de triompher de tous ses ennemis, tient infalible la defaitte de ceux cy, & d'vn autre costé les Barbares resolus à la mort, plutost qu'a la soubmission, n'ont pas de moindres pretentions pour la victoire. De sorte qu'on auoit sujet de croire que la Fortune s'estoit renduë depositaire des Couronnes du triomphe, pour Couronner les plus heureux plustost que les plus vaillans, puis que les efforts & des vns, & des autres se pouuoient balancer dans leur egalité.

Toutesfois la valeur de ce grand Monarque arrache bientost des mains de cette inconstante Deesse, ses Lauriers dont elle vouloit couronner le vainqueur: Car ayant treuué heureusement le guay de la Riuiere qui seruoit d'vn costé de rempart à la ville, il fait donner l'assault dans diuers cartiers, pour attirer la plus grãde force des Barbares à la deffence des Murailles, & luy mesme à la teste d'vne partie de son armée passe cette riuiere, & se rend maistre en peu de temps de la moitié de la ville: je dy de la moitié, par ce que les Barbares empruntent tant de force de leur desespoir, se voyant reduits au choix ou de la mort, ou de la seruitude, qu'ils rendent leur defaite commune auec leurs ennemis, puis que les plus considerables y sont tuez. Alexandre mesme y est blessé, ce qui anime si fort le courage de ses soldats, qu'ils immolent en foule ces Barbares aux premiers mouuemens de leur iuste cholere, & inondent la terre de leur sang, pour assouuir en quelque sorte la fureur qui les possede.

Huict mille des ennemis, y demeurent sur la place, & le reste se sauue dans le Chasteau, pour auoir le loisir seulement d'implorer la Clemence d'Alexandre, en se rendant à discretion: ce qui leur reüssit, puis qu'il leur donne la liberté de viure sous les nouuelles loix que sa magnanimité leur impose.

DVNKERQVE
Si ce Prince en Vingt jours me force de me rendre
L'honneur qui m'en demeure egalle mon
Tout le monde est remply du bruit de sa valeur
Qui pourroit resister contre cét Alexandre

ONSEIGNEVR LE DVC D'ANGVIEN, n'a pas plustost donné ses ordres pour la seureté de la ville de Furnes, l'ayant laissée souz la garde du sieur Bocquet Mareschal de Bataille, dont la valeur & la Probité, luy estoient egalement cognuës, qu'il fait le second project d'vne des plus hautes entreprises qu'il eut iamais conceuë: ie dy le second, ayant desia eu en pensée en assiegeant cette place, de passer plus auant, & de porter ses armes iusques à DuncKerque.

D'abord les nouuelles de ses aproches mettent tous les Habitans en alarme, ne pouuant conceuoir d'autres pensées que celles de leur perte, puis qu'vn Prince de cette reputation en formoit seulement le dessein. Il arriue le dixneufiesme iour de Septembre deuant cette importante place,

& dés le lendemain, faict trauailler aux lignes auec vn soin nompareil, & vne diligence extraordinaire, iusques au vingt-quatriesme, qu'on ouure les trenchées.

De vous dire que le camp paroissoit diuisé en trois quartiers, sçauoir le quartier du Roy, le plus grand de tous, qui estoit le quartier de son Altesse, où le Mareschal Gassion estoit, auec sa Brigade. Le quartier du Mareschal de Rantzau, & celuy de Monsieur de Villequier. de mettre encore en auant que depuis le Canal de Mardick, iusques au delà de DuncKerque, du costé de Neuport on voyoit anchrez dix vaisseaux Hollandois, commandez par l'Admiral Tromp, auec dix Fregates Françoises, & douze Belandes, toutes ces veritez me semblent inutilles, hors de l'Histoire. Il sufit que ie vous represente encore vne fois, par vn seul trait de plume, les belles actions que tous ces Grands hommes ont faites, en vous disant que suiuant l'exemple de ce Fameux Prince, chacun à l'enuy faisoit paroistre la grandeur de son courage, pour auoir l'honneur d'estre couronné de ses mains, puis que son iugement & son aprobation y donnoient tous les prix qu'on y pouuoit pretendre,

Aprenez seulement de la voix publique, que les dix-huict iours de ce siege, ne furent qu'vn seul iour de bataille, par vn combat continuel, soit pour l'ataque, soit pour la deffence. Que la dispute d'vn pied de terre, coutoit la vie à plusieurs, & que nos soldats toutesfois en estoient si prodigues, pour acquerir de l'honneur, qu'ils mesprisoient toute la terre qu'ils gaignoient, si elle n'estoit couuerte, ou de leur sang, ou de celuy des ennemis. Et l'on pouuoit dire que la place de leurs retranchemens, estoit vne place de Cimetiere; si à chasque pas qu'on faisoit en auant, les assiegeans, ou les assiegez y marquoient leur sepulture. De sorte que la mort y estoit aussi presente que la vie: par ce que comme chacun abandonnoit celle-cy, pour courre glorieusement le hazard de l'autre, on ne pouuoit s'asseurer de prolonger ses iours vn seul moment, puis que la presence du peril rendoit tous les momens funestes.

La nuict & le iour ne diferoient point l'vn de l'autre, & pour l'ataque, & pour la deffence, l'alarme estoit continuelle, le combat duroit tousiours, les trauaux s'auançoient sans cesse. Chacun estoit en action dans sa charge, & dans son employ, & ceux mesmes qui dormoient n'estoient pas inutiles, empruntant des nouuelles force de leur repos, pour recommencer leur trauail.

Le bruit effroyable & des canons, & des mousquets se faisoit entendre contiuellement de part, & d'autre; & comme ce bruit estoit tousiours funeste, on y estoit tousiours occupé, où à retirer les blessez, où emporter les morts, puis qu'à toute heure la place en estoit egalement couuerte,

Les ennemis auoient beau nous resister, à labry de leurs rempars, tandis que les Mineurs en sapoient d'vn costé les fondemens, on les forçoit de l'autre, d'en abandonner vne partie, & quelque grande que fust leur resistence, ils ne se deffendoient iamais que pour prolonger de quelque iours seulement leur defaite, puis qu'elle estoit ineuitable, se voyant tousiours reduits à cette extremité de reculer peu à peu, sur leur propre terre, & de ne pouuoir iamais auancer d'vn seul pas, hors de leurs retranchemens.

La gloire seule dans vn combat si sanglant exposoit ses prix à l'ambition des plus braues, & comme les plus timides ne pouuoient se cacher dans vn ſi grand iour, & à la lumiere de tant de teſmoings, ils eſtoient contrains de faire par neceſſité, ce que les autres faiſoient par inclination. Tellement qu'on auoit de la peine à remarquer dans la meſlée la difference des courages, puis que la honte auſſi bien que le deuoir y faiſoient les vaillans.

Repreſentez-vous maintenant que durant tout ce temps-là, MONSEIGNEVR LE DVC D'ANGVIEN, n'auoit du repos que celuy qu'il treuuoit en ſon trauail. De ſorte qu'on pouuoit croire de ſon camp, que c'eſtoit vne carriere qu'il parcouroit inceſſamment.

Et comme le Soleil ne laiſſe pas d'eſclairer le monde en ſon abſence, puis que les Aſtres de nuict empruntent de ſa lumiere, tout le iour qu'ils nous donnent. Ce Prince agiſſoit de meſme par tout de ſa preſence; quoy qu'il fuſt abſent, puis qu'il ſe faiſoit voir touſiours dans l'execution de ſes ordres, ne pouuant eſtre en diuers lieux tout à la fois.

Mais certes on auroit eu vn ſenſible plaiſir à le voir encore, lors qu'il viſitoit les quartiers, & les trenchées, de meſme qu'à l'entendre quand il ordonnoit de faire vne batterie, où d'auancer des trauaux, si en toutes ces differentes actions il ne se fust exposé dans vns euident peril. Tantost la teste d'vn de ses Valets de pied estoit emportée d'vne volée de canon, à deux pas de luy, & tantost vn coup de mousquet tuoit vn Gentilhomme à ses costez. Ce qui m'oblige de croire, qu'on estoit autaut estonné de cette fermeté de courage qui le rendoit insensible à la crainte, parmy ces objects d'horreur, & d'effroy, que du bon-heur qui l'accompagnoient, au milieu de tant de dangers, aparammẽt ineuitables. Car sans reculer d'vn pas, & sans s'esmouuoir seulement, il continuoit de donner ses ordres, auec le mesme visage qu'il auoit commencé. Ce qui la rendoit si admirable, que les plus eloquens manquoient de termes pour exprimer la gloire qui luy est deuë.

En effect, quand ie considere qu'on cherche tousiours inutilement le foible de la nature en ce grand Prince, ne faisant point d'action qui ne soit heroïque, ie suis contraint de confesser que la moindre de ses qualitez estant beaucoup plus eminente que celle de sa condition, son merite se treuuera tousiours infiniment esleué au dessus de sa naissance.

Imaginez

Imaginez-vous que comme il ne se pique iamais que de la belle gloire, il estoit si jaloux de sa reputation, dans cette haute entreprise, ou la Prudence & la Valeur l'auoient egalement engagé, qu'il se rendoit garent par sa vigilance, de tous les euenemens qui en pouuoient arriuer. Ce qui nous doit persuader que luy seul assiegeoit cette Place, & que luy seul la deuoit prendre, quoy que l'armée du Roy fust deuant, pour ce que comme elle n'agissoit que par ses ordres souueraines, & que c'estoit vn corps qui n'auoit d'autre mouuement que celuy de ses volontez absoluës, la gloire de cette conqueste luy seroit vn iour si propre que l'enuie mesme n'auroit iamais assez d'effronterie pour la luy disputer.

Que si vous auez enuie encore de sçauoir au long, vne partie des merueilles que ce grand Heros a faites, durant ce fameux siege, vous n'auez qu'à conter les heures des jours qu'il y a employez : Ie dy vne partie seulement, puis qu'a tous momens il faisoit des choses incroyables.

Representez-vous qu'on n'a point veu de ce siecle vne place attaquée auec plus de courage, ny deffenduë auec plus de valeur, & ie croy m'aquitter quand ie donne cette loüange au Marquis de Leide, qu'il a fait voir durant ce siege des nouuelles preuues, quoy qu'inutilles, de l'estime ou il est par tout: Ie dy inutilles, puis que son merite a desia rendu son nom illustre dans l'Histoire. Certes il faut auoüer que les ennemis se sont deffendus comme des lions, mais l'on doit confeer aussi, que ces lions ont treuué vn Hercule qui les a domptez.

C'est trop vous tenir en suspens, enfin les soins de ce grand Prince sont recompensez, ses veilles recognuës, & ses exploits Couronnez. Ses trauaux s'auancent si fort; ses batteries font tant de ruines, & ses attaques tuent tant d'ennemis, que le peu qu'il en reste, pour estre temoins de sa gloire, se treuuent contraints de luy ouurir les pottes: ie ne dy pas seulement de DuncKerque; mais encore de toute la Flandre.

Iamais le Soleil n'a esclairé la terre d'vn plus beau iour que celuy de l'entrée de ce grand Prince, tousiours victorieux, & tousiours triõphant dans cette ville la plus fameuse en brigandages de l'Europe. La curiosité de voir son Altesse seulément, estoit si grande parmy ses Hahitans, que leur foule remplissoit les ruës. Et ie puis dire, apres ceüx qui en estoient tesmoings, que la Ioye ne suiuit iamais de si prez la Tristesse, ny les Ris, les Larmes, qu'en cette heureuse iournée, puisque tout le peuple, d'vne commune voix, changeant tout à coup & de cœur, & de visage, s'abandonnoit à l'allegresse par des cris continuels, qu'elle seule animoit.

C'est icy où ie m'arette encore, pour vous faire admirer ce vaillant PRINCE, dans le plus vif éclat de la gloire qui l'enuironne, sur le nouueau trosne, dont ses seules vertus ont ietté les fondemens. Ie ne vous le represente plus triomphant aux plaines de Rocroy ; quoy que la couronne de cette victoire soit hors de prix : Ie ne vous le fai plus voir aux portes de Tionuille, en action d'en receuoir les clefs : Ie ne veux pas vous le depeindre aussi forçant les retranchemens de Fribourg ; Et moins encore entrant victorieux dans Philisbourg , dans Norlinguen , & dans Furnes ; tous ces auantages, quelques considerables qu'ils soient, n'ont nulle sorte de rapport , à celuy qu'il s'est acquis luy-mesme auiourd'huy dans la conqueste de DuncKerque, si en la prenant il semble qu'il ayt engagez à sa suitte, & la Fortune, & la Victoire, pour vne eternité, n'ayant plus riẽ à desirer de l'vne, ny à esperer de l'autre, puis que toutes deux l'ont desja comblé, & d'honneur, & de felicité.

En effect, que peut-on adiouster à la gloire du Vainqueur de Dunckerque, si tous les differens peuples de l'Europe, se treuuant interessez & de plaisir & d'vtilité dans sa prise, ne font plus des vœux que pour le succez des siens. A n'en point mentir, ce Nom D'ANGVIEN, est si cognu par toute la Terre, qu'il n'est point de nation estrangere qui n'ait du respect, & de la veneration pour luy.

Que Pompée, qui se dit Roy de la Mer, apres en auoir vaincu tous les Pyrathes, face son entrée triomphante dans Rome, souz le nom de Neptune, portant pour Sceptre son Trident. MONSEIGNEVR LE DVC D'ANGVIEN, partage auiourd'huy les couronnes de son triomphe, puis que par la seule prise d'vne ville, il assuiettit sous ses loix, l'Empire de l'Occean, ayant reduit à sa mercy, tous ceux qui s'en disoient les maistres.

N'attendez pas que ie vous die maintenant auec qu'elle allegresse leurs Maiestez, son Altesse Royalle, & son Eminence, receurent la nouuelle de la prise de cette place, ny auec quel plaisir toute la Cour suiuit le Roy, & la Reyne à nostre Dame, pour y ouyr chanter le TEDEVM: Et moins encore de combien de feux de ioye la nuit de ce beau iour fut éclairée, vostre immagination vous satisfera beaucoup plus que m'a plume. Sçachez seulemẽt que le plus petit vilage de France festa le iour de cette heureuse nouuelle, auec des témoignages d'vne allegresse publique, & i'oze vous assurer encore que ce mesme iour sera marqué de rouge dans nos Calandriers comme vn des plus heureux de ce siecle. Iour de liberté pour l'Europe, de gloire pour la France, & de frãchise pour tous les autres Royaumes, puisque dans la prise de DuncKerque, l'vne rend libre son comerce, l'autre agrandit son Empire, & ceux-cy s'affranchissent de la seruitude de ces Pyrathes de mer.

MONSEIGNEVR le DVC D'ANGVIEN n'eust pas plustost reduit DuncKerque sous l'obeisſance du Roy, & laiſſé en poſſeſsion de ſon gouuernement le Mareſchal de Rantzau, dont le merite auſsi bien que les ſeruices auoient oblgez leurs Maieſtez à faire choix de ſa perſonne, que ſans perdre temps, aû lieu de prendre le chemin de la Coûr, pour y receũoir des plus belles bouches du monde, les plus iuſtes loüanges qu'on y a iamais données, il tourne viſage du coſté Courtray, dans le deſſein de la rauitailler en perſonne, quelque peril qu'il y ait à courre, ſçachant qu'il y va du ſeruice du Roy, & de la conſeruation de cette place.

Ce Prince tout degoutant encore de la ſueur de ſes trauaux, part de Honſcot, auec vne partie de l'armée, & prend ſa route vers Montcaſſel. Le lendemain l'armée logea à Bailleul, & en ſuitte elle arriua à Vvaruic, où ſon Alteſſe attendit le cõuoy, auec des nouuelles troupes, qui la deuoit ioindre, iuſques à dix heures du ſoir, & ſans perdre vn moment de temps, elle meſme fit deſcharger tous les ſacs des batteaux, & arranger ſur le bord de la riuiere, au meſme ordre que les regimens de Caualerie deuoient marcher, afin qu'il y eut moins de confuſion à les prendre , & toute la nuict se passa en cet exercice. Le lendemain le cõuoy arriua heureusement à Courtray, sousla vigilante conduite de ce Prince,& sur l'auis qu'il eut que les ennemis auoient pris vn poste fort auantageux à Beluuel,entre Menin & Ypre, pour s'oposer à son retour, il fit faire en diligence, deux ponts sur le Lys, &y fit passer l'armée.

Le lendemain son Altesse prit la route vers Vvaruic, & iugeant que les ennemis pourroient passer la riuiere à Menin, & l'attaquer sur son Arriere garde Ce Prince voulut estre tesmoin de tous ces dangers qu'il auoit preueus, & à mesure que son armée passoit sur le pont de Vvaruic, il la mettoit en bataille, pour la donner, puis qu'il la presentoit.

On demeura toute la nuict sous les armes; mais certes iamais nuict ne fut plus fascheuse à passer, dans l'impatience où les soldats estoient d'en venir aux mains ? & parce qu'ils suiuoient en cela les sentimens de ce genereux Prince, ils furent touchez du mesme regret qu'il eut de se voir contraint à faire retraie, ne pouuant empeſcher celle des ennemis, comme reſolus à la fuitte.

Conſiderez encore les nouueaux auantages que ce Grand Prince a remportez dans le ſuccez de cette entrepriſe, comme vne des plus hardies, & des plus perilleuſes qu'on ait iamais executée, ayant fait vne ſi longue marche, & vne ſi belle retraite, ſur les terres des ennemis, auec vne armée moins forte, que la leur.

Certes i'oſe dire qu'il n'apartiendroit qu'aux Poëtes, pluſtoſt qu'aux Hiſtoriens, de faire le recit de toutes ces merueilles; ſi les Fables meſmes nous en pouuoient fournir l'exemple, mais comme ces merueilles ſont hors de comparaiſon; il faut neceſſairement qu'elles courent le hazard, de la foy, où de l'incredulité des ſiecles à venir, quoy que leur aprobation leur ſoit inutille.

Ie me doute bien que vous ſerez curieux d'aprendre les careſſes que leurs Majeſtez, ſon Alteſſe Royalle, & ſon Eminence, firent à ce fameux PRINCE, en arriuant à Paris; mais il ſuffit ce me ſemble, de vous auoir fait cognoiſtre les honneurs qu'il merite, pour vous informet des honneurs qu'il a receus.

Le peuple de Paris luy fit ses complimens dans les ruës, s'y assemblant en foule, pour luy témoigner par la ioye du visage, l'allegresse qu'il portoit dans le cœur, toutes les fois qu'il auoit l'honneur de le voir.

Mais quel reuers de medaille, quel coup de malheur. A peine ce Prince goustoit les douceurs du repos, que ses trauaux luy auoient acquis, qu'il se sent tout à coup attaint de la plus forte douleur, dont la nature puisse affliger vne ame, par la mort de MONSEIGNEVR LE PRINCE son Pere. Perte si grande pour la Crestienté, que ses plaintes seront continuelles; si importante pour l'Europe, qu'elle en portera eternellement le dueil, & si considerable à la France, que ses larmes ne tariront iamais.

Et ie puis soustenir hardiment, que la voix publique m'a suggeré cet Eloge, que ie consacre à sa memoire, en vous asseurant. Que la Nature „ couronna sa naissance, la Vertu sa vie, & le „ Ciel sa mort, estant nay Prince du Sang, ayant „ vescu en Heros, & finy ses iours en Chrestien. „ Que sa Pieté seruoit d'ornement à l'Eglise, sa

O

„ prudẽce d'apuy à l'Estat, & sa probité d'exem-
„ ple à tout le monde. Que la Iustice, la valeur,
„ & la Clemence, luy estoient aussi propres que
„ la grandeur; & comme ses autres qualitez es-
„ toient sans nombre que la gloire qu'il en me-
„ ritoit, ne se peut exprimer. De vous dire le
„ long-temps qu'il a vescu, les grands hommes
„ ne meurent iamais ieunes, puis qu'on tient
„ conte de leurs annees par leurs actions.

Ie laisse maintenant mon Prince au milieu de ses ennuis, & de ses triomphes, comme enuironné de Cyprez, dans son funeste dueil, & tout couuert de Lauriers dans la gloire de ses conquestes: Mais il faut que ie vous die, que ie finis cet ouurage en le commençant, puis qu'il ne vous fait voir que quatre iournées seulement de la vie immortelle de ce ieune Heros, dans le recit des merueilles qu'il a faites en ses quatre campagnes. Ie vous promets la suite de ses belles iournees, dans la resolution où ie suis, en remarquant ses belles actions, de les consacrer à la posterité.

Ceux qui ont l'ame remplie de la veritable gloire, sont si fort éleuez au dessus du commun des hommes, qu'on les mécognoiſt ſouuent pour tels: parce que comme leurs actions heroiques ſont les plus puiſſans efforts d'vne belle nature, elle les rend ſi admirables en les faiſant agir d'vne maniere aparemment diuine, que ie ne m'étonne pas ſi l'on leur attribuë par auance l'immortalité, puis qu'ils ne trauaillent qu'à s'exempter du tombeau.

L'exemple d'Alexandre me donne la lumiere de ces veritez: ce fameux Monarque, aprés s'eſtre acquis toute la gloire de ſon ſiecle, ne voyant rien au deſſus de luy, que le Dieu de ſes ennemis, ie veux dire le Soleil cette innocente idole des Perſes, ſe rendoit tous les iours ſi conſiderable par ſon propre merite, que les plus ſages de ſon temps eſtoient tentez de l'adorer. Ce qui nous perſuade que la vertu ſeule peut éleuer vn homme au deſſus de luy-meſme, en luy frayant le chemin de l'immortalité, ſur les traces de la mort, où il court à tous momens.

Ce Heros qui ne marchoit iamais qu'en triomphe, s'aſſujettiſſant toute la Terre qu'il fouloit, apres auoir paſſé vne partie de l'Hiuer dans la ville de Nautaque, fait deſſein d'aſſieger en la Sogdiane, la fameuse forteresse de Petra, que les ennemis croyoient imprenable, estant bastie sur vn rocher escarpé de tous costez. Veritablement l'entreprise estoit grande; mais comme la fortune luy prestoit souuent son bandeau, pour ne voir pas les perils qui s'offroient à ses yeux, il met le siege deuant, & quelque temps aprés fait sommer les ennemis de se rendre.

Le Capitaine qui commandoit dans cette place, se confiant à la force de son assiette, luy fait réponse que si ses soldats n'auoient des aisles pour voler, il perdroit & son temps & sa peine. Ce qui l'obligea de chercher à prix d'argent de nouueaux soldats, qui sceussent voler, afin d'employer vtilement, & son temps, & sa peine. Et à cet effect il assemble trois cens Bergers de la contree, & promet à celuy qui monteroit le premier au haut de la forteresse douze Talens, au second onze, au Troisiesme dix, & ainsi en suite, en diminuant pour les animer à cette entreprise, les vns par l'exemple des autres. De sorte que l'interest les ayant fait resoudre tous ensemble à la conqueste de ce prix, sans considerer le danger qu'ils pouuoient encourir, ils firent prouiſion de petites cheuilles de fer, pour les ficher à force, dans le rocher, & y attacher des cordes qui leur ſeruiſſent d'échelles : & ſur la brune ils commencerent à monter tous à la fois, de diuers coſtez. De vous dire le nombre de ceux qui ſe perdirent en ce perilleux deſſein il ſeroit inutile; ſçachez ſeulement qu'vne partie fut couronnee, apres eſtre montee iuſques au ſommet de la fortereſſe, auec tant de bonheur, qu'ayant épouuenté de leurs cris ſeulement les ennemis, quoy qu'en grand nombre, ils tindrent conſeil, à l'inſtant meſme, ſans liurer cõbat, pour demander grace à Alexandre du crime de leur reſiſtance; mais ce Monarque fut d'abord ſi ſatisfait du ſuccez de ſon entrepriſe, ayant treuué des ſoldats aiſlez pour vaincre ſes ennemis, par la ſeule force de leur étonnement, qu'il ſe reſolut à meſme temps de leuer le ſiege, conſiderant d'ailleurs qu'ils pourroient ſe preualoir de la foibleſſe de ſon armee, puis qu'elle deperiſſoit tous les iours, par la rigueur du temps, & la dizette des viures, eſtant aduerti d'ailleurs, que les Paricarques leurs voiſins & alliez, attiroient à leur ſolde tous ſes ſoldats eſtrangers. De maniere que ſans conſulter d'autre Oracle que celuy de ſa prudence, il decampa à la veuë des ennemis, & ſe contenta de leur auoir fait cognoiſtre que ſon induſtrie auoit des aiſles, auſſi bien que ſon ambition, pour couronner ſa valeur, ſur le ſommet des lieux les plus inacceſſibles. Certes tous les ſages demeurent d'accord qu'Alexandre en cette action, ſi contraire en aparence aux inébranlables reſolutions de ſon courage inuincible, remporta par ſa défaite volontaire, beaucoup plus d'honneur qu'il n'en auoit merité dans tous ſes triomphes.

Il renforça à meſme temps ſon armee de nouuelles troupes, & ſans perdre temps s'en alla aſſieger le Roc de Chorienez, qui paroiſſoit vne forteresſe imprenable aux yeux des plus grands Capitaines aprés auoir fait ſon poſſible d'attirer les ennemis au combat; le peu de temps qu'il employa à la prendre, leur fit bien-toſt cognoiſtre que la fuite ou la ſoumiſſion eſtoient les ſeules armes auec leſquelles ils pouuoient vaincre vn ſi redoutable ennemy.

Les aproches de l'Hyuer terminerent ſes nouueaux deſſeins dans la ſeule penſee de les executer à l'arriuee du Printemps.

Cinquiesme Campaigne.

MONSEIGNEVR LE PRINCE estant appellé en Cataloigne par le seul bruit de sa Renommee, leurs Majestez luy donnerent le commandement de leurs armées en ce païs-là, aprés auoir cognu par de continuelles experiences que sa conduite partageoit tousiours auec sa valeur la gloire du succez de ses desseins.

Son arriuee à Barcelone fut heureuse, son entrée magnifique, & sa reception digne de sa naissance, ne pouuant égaler son merite. Et à peine les feux de ioye que le peuple auoit allumez estoient éteints, qu'il met son armée en campaigne, & assiege cette fameuse Lerida. Il ne voulut point sommer le Gouuerneur de la rendre, sçachant bien que l'honneur l'obligeoit d'en faire son tombeau, il se mit seulement en estat de l'y forcer par vn trauail de quinze iours, & par vne continuelle batterie de Canons qui luy reüssit, iusqu'au poinct de pouuoir bien-tost esperer sans se flatter, la conqueste de cette place. Mais comme sa prudence presidoit tousiours dans les conseils que son courage luy donnoit, elle seule luy fit preuoir que la prise de cette forteresse luy feroit courre le hazard de ruiner son armee, sçachant que les ennemis qui l'enuironnoient de toutes parts, attiroient tous les iours ses soldats à leur seruice, à force d'argent, & donnoient des passeports à ceux qui refusoient de prendre party. De sorte qu'il se vit contraint par les persuasions de son iugement, plutost que par celles de la necessité, de leuer le siege, & de se camper à trois lieuës loing de cette place.

Certes tous ceux qui furent témoins de cette action luy donnerent des loüanges publiques, & les Espagnols mesme, qui parioient sa perte, se virent en peine d'éuiter la leur, iugeant par

la victoire

la victoire que ce Prince auoit remportée sur luy-mesme, que leur defaite estoit infaillible, puis qu'ils auoient à combattre tout à la fois & contre sa prudence, & contre sa valeur.

Remarquez cependant les nouueaux raports qui se treuuent dans les actions les plus importantes de ces deux braues Heros. Alexandre, dont l'ambition & la valeur ne luy auoient iamais fait conceuoir la pensee d'vne entreprise inutile, se voyant tout à coup surpris par luy-mesme, & trahy de la Fortune, quelque fidelle qu'elle luy deust estre, tire heureusement tant d'vtilité de son dõmage, qu'il triõphe de sa propre défaite, comme volontaire, & contraint ses ennemis à mépriser l'avantage qu'ils auoient remporté sur luy, puis qu'il n'auoit causé que leur confusion & leur ruine.

Ne peut-on pas dire le mesme de MONSEIGNEVR LE PRINCE, ce ieune Conquerant, à qui la valeur a apris l'art de vaincre dés le premier iour qu'il a mis l'épee à la main, se treuuant engagé dans vn dessein, dont vn malheur impreueu luy fait voir le succez, accompagné d'vn dommage irreparable, s'en démesle auec tant de conduite, qu'il change ſeulement les lauriers que ſa valeur luy faiſoit eſperer, auec les Palmes, dont les plus ſages font des Couronnes à ſa Prudence.

Il campa ſept ſemaines dans le Bourg de Leſborges, croyant attirer les ennemis au combat, auec le nouueau renfort des ſoldats, dont ils auoient acreu leur armee; mais ils redoutoient ſi fort & ſa fortune & ſon courage, ne doutant plus ny de ſa vigilance, ny de ſa conduite, qu'ils ſe reſolurent à conſeruer cet auantage, d'auoir beaucoup gaigné, en n'ayant rien perdu.

Monſeigneur le Prince cependant qui ne cherchoit que l'occaſion d'exercer le courage de ſes ſoldats, & de terminer cette Campaigne, auec le meſme bonheur qui l'auoit ſuiuy dans toutes les autres, ſe reſolut de mettre le ſiege deuant Ager, vne des plus fortes places du pais, comme baſtie ſur vn rocher qui pareſſoit de trois coſtez inacceſſible, & à cet effect donne ſes ordres à Monſieur d'Arnaut Mareſchal de Camp, lequel en peu de iours la prend d'aſſault, malgré la forte reſiſtance de ceux qui eſtoient dedans, ſans leur laiſſer en leur défaite d'autre conſolation que celle d'eſtre vaincus par le conſeil, & par la fortune d'vn Prince, qui ne l'auoit iamais eſté que de luy-meſme.

Le bruit de la priſe de cette forteresse, ayant interrompu le ſommeil letargique, que la peur auoit cauſé à nos ennemis, ils ſe mettent à la fin en Campaigne pour ſe vanger de cet affront; mais ils recommencent de nouueau de fuyr aux aproches de ce Prince, qui leur eſtoit allé au deuant, auec huict cens cheuaux ſeulement.

Il a beau les ſommer d'en venir au combat, ils ſe ſatisfont de la ſeule penſee qu'ils en ont eue, puis qu'elle les met à l'abry d'vn peril, dont ils ne pouuoient tenter le hazard, ſans en porter le dommage.

Les aproches de l'Hyuer obligerent Noſtre grand Prince à mettre ſon armée en garniſon aux enuirons de Barcelone, où aprés y auoir fait vne ſeconde entree, auſſi éclatante en feux de ioye, & en cris d'allegreſſe, que la premiere, il fut appellé à la Cour, pour y receuoir de leurs Majeſtez toutes les loüanges qu'on pouuoit donner à ſa ſage conduite.

De moy sans prester l'oreille au bruit de la voix publique, ie suis contraint d'auoüer, auec les plus grands Capitaines, que la fortune a toujours contribué fort peu du sien, au succez de ses entreprises, & que sa valeur & sa prudence ont trauaillé également, & à leur progrez, & à leur fin.

L'ambition paroist si belle dans les grandes ames, qu'on ne remarque point ses defauts: ie veux qu'elle soit aueugle & superbe, le bonheur qui d'ordinaire l'accompaigne rend suportable & son orgueil, & son aueuglement: de sorte qu'en se faisant admirer auec toutes ses imperfections, elle a beaucoup plus d'amans, que de censeurs.

Alexandre nous fait voir cette verité à son iour, la noble passion qui le domine de faire de nouuelles conquestes est si agreable aux yeux de tout le monde, que ses enuieux excusent sa vanité, quoy qu'ils ayent de la peine à la souffrir. Ses soldats mesmes qui se lassent souuent dans le chemin battu de ses triomphes, le suiuent auec plaisir, puis qu'ils en partagent la gloire, aprés en auoir eu toute l'vtilité.

Cet heureux Conquerant qui prend toujours ses ébats à faire des sieges, ou à donner des batailles, entre dans le païs des Assaceniens qui l'attendoient auec trente mille hommes de pied & deux mille cheuaux ; & toutefois quelques forces qu'ils ayent pour luy resister, ils aprehendent si fort sa rencontre, qu'ils faisoient des vœux secrets pour leur retraite, auant que d'en venir aux mains.

Alexandre se resoud d'abord, d'assieger Massaque, vne des plus grandes villes de la Prouince, auec cette pensée, ou de la prendre, sans cõbat, ou de les y engager, s'ils vouloient tenter le hazard d'éuiter sa prise; ce qui luy reüssit comme il l'auoit projetté. Il met le siege deuant cette place, & faisant perdre l'esperance aux ennemis qui estoient dedans d'estre secourus, & à ceux qui estoient dehors de la secourir, il reduit & les vns & les autres à cette honte, de faire eux-mesmes les preparatifs de son entree triomphante, puis que tous ensemble en doiuent estre les spectateurs.

Ce n'est pas qu'ils n'employent leurs derniers efforts contre vn si redoutable ennemy, mais ſon deſtin qui la fait naiſtre inuincible , veut qu'ils ſoient inutiles. La bleſſure d'Alexandre, quoy que legere excitant le courage des ſiens, en renouuelle les forces ; & comme le deſeſpoir augmente auſſi celle des aſſiegez, l'attaque & la deffence ſe treuuent toujours égales. Il faut toutefois ſe rendre, la force, le courage, & le nombre meſme doiuent ceder à la fortune, & à la neceſſité ; s'ils font des merueilles aujourd'huy , il ſeroit à propos qu'ils fiſſent demain des miracles, puis qu'à moins de cela leur defaite eſt infaillible.

Le bonheur voulut pourtant que leur longue reſiſtance trouuaſt grace auprez d'Alexandre, ne pouuant ſe reſoudre à faire mourir tant de braues gẽs qui mépriſoient la mort : de ſorte qu'il les receut à compoſition, & renforça ſon armée de tous ceux qui le voulurent ſuiure.

Le bruit de cette nouuelle victoire , quoy qu'épandu fort loing, ne rend point ce ſuperbe vainqueur plus redoutable qu'il eſt. Sa Renommée a deſia fait ſi ſouuent le tour du monde, qu'il ne trouue plus en ſon chemin que des malheureux, ou des deſeſperez, qui ayent la temerité de luy resister.

Dans ce comble de felicité & de gloire, où il est éleué, il prend resolution de passer le fleuue d'Indus, sur le Pont qu'Ephestion luy auoit fait. Ce fleuue est le plus grand de tous ceux de l'Europe, & de l'Asie, horsmis le Gange, qui est vne autre riuiere des Indes. Alexandre le passa au poinct du iour auec toute son armee, pour faire sa premiere entree dans ce nouueau monde, où il n'eut pas plutost mis pied à terre, qu'il fit ses sacrifices accoustumez, & vint à la ville de Taxile, la plus grande de toutes celles qui sont entre l'Indus & l'Hydaspe, où il receut du Prince & des habitans du païs, tous les honneurs que son ambition pouuoit souhaiter. Mais comme les combats estoient ses diuertissemens ordinaires, il se met en chemin auec son armée pour passer encore l'Hydaspe, malgré les efforts du Roy Porus, qui l'attendoit sur le riuage. Ce Prince Indien auoit vne armee de trente mille hommes, renforcee de deux cens Elephans, & ce qui estoit de plus considerable, luy-mesme la commandoit, sans auoir d'autres Lieutenans que deux de ses fils, qui partageoient par leur valeur, la Renommee de leur Pere.

Le passage de cette fameuse Riuiere fut long-temps disputé, & certes on peut dire que tous les stratagemes de guerre y furent mis en pratique, à l'auantage du plus heureux. Et comme Alexandre se pouuoit vanter, par experience, que la fortune estoit de sa suite, aussi bien que la victoire, ses desseins estoient toujours couronnez.

La nuit ce coup-là luy fut fauorable, il fait passer vne partie de son armée au desceu de l'ennemy; & quoy qu'il en soit auerty, le temps luy manque plutost que les forces pour s'y oposer. Le fils ayné de Porus, vn de ses Lieutenans, y demeure sur la place, aymant mieux perdre la vie, que la reputation. Ce n'est pas que son pere doutast ny de sa valeur, ny de sa vigilance; mais il creut dans son malheur, que sa mort seule en pouuoit faire les excuses.

Le Roy Porus cependant informé tout à la fois, & du passage d'Alexandre, & de la mort de son fils, cherche le remede de son mal, plutost que le soulagement, & se seruant du temps qui luy restoit encore, il l'employe à mettre son armee

armee en bataille, auec dessein de l'aller presenter à son ennemy, auant qu'il soit en estat de la luy donner.

Il mit en teste les Elephans, à cent pieds de distance l'vn de l'autre, pour seruir de rempart à son Infanterie qu'il rangea derriere, sur vne seconde ligne, sa Caualerie estoit aux deux aisles de son armee, dont le corps de reserue couuroit ses chariots.

Alexandre fit alte d'abord pour attendre son Infanterie, & l'ayant rangee en bataille, auec ordre aux Archers, aux Dardeurs, & aux Agriens, qu'il mit à l'auantgarde, de ne s'aprocher pas des Elephans qu'a la portee de leurs armes, il enuoya les Compagnies Royales, commandees par Cænus, pour enueloper les ennemis, en paressant a leurs trousses, lors qu'ils y pẽseroient le moins, & cõme il se fioit aux forces de sa Caualerie, il la fit fondre d'abord sur celle des Indiens, auec tant de succez, qu'il en mit vne partie en déroute. Le Roy Porus toutefois, reparant tout à coup de sa presence, ce premier desordre, rapela les fuyards, qui à son exemple & à sa suite, vengerent leur honte, en disputant la victoire auec vn pareil avantage. D'ailleurs les Elephans qui n'estoient blessez que pour animer leur fureur, la rendoient si funeste aux Macedoniens, qu'ils estoient contraints de démentir leur courage, en fuyant malgré eux, pour éuiter la mort dont ces bestes donnoient les attraintes. Ce qui mettoit en desordre l'Infanterie d'Alexandre, sans que sa Caualerie peust nuire à l'Infanrerie Indienne, puis qu'elle se mettoit toujours à l'abry de ces Elephans. Il est vray que comme ils receuoient à tous momens de nouuelles blessures, leur fureur qui s'augmentoit, à la mesure de la douleur qu'ils en ressentoient les rendoit peu à peu inutiles pour le combat De sorte que leur desordre & leur fuite vagabonde, laissant en veuë l'Infanterie Indiēne, vne partie fut bien tost taillée en pieces, quelque resistance que Porus y aportast, par le renfort de ceux qui le suiuoient toujours. D'abondant l'arriuee de Cænus auec les Troupes qu'il commandoit, mit d'abord en déroute les barbares, quoy qu'ils manquassent d'industrie pour se deffendre, plutost que de courage pour attaquer.

Alexandre victorieux ſans y penſer, diſputoit touſiours d'vn autre coſté, le gain de la bataille, puis qu'il treuuoit aſſez de reſiſtance pour douter de ſon bonheur. Et Porus meſme, quoy que trop ſçauant en ſon malheur, par la preuoyance qu'il en auoit deſia euë, eſtãt toujours aux mains, deffendoit ſon honneur en mépriſant la vie, pour faire voir que la Fortune qui preſidoit dãs cette bataille, pouuoit dõner la victoire à qui bon luy ſembleroit; & veritablement Alexandre eſtoit contraint d'auoüer, dans la longue, & opiniaſtre reſiſtence, de ces nouueaux ennemis, que c'eſtoient les ſeuls redoutables, qu'il auoit rencontrez dans le chemin de ſes triomphes.

Enfin l'armee de Porus fut entierement deffaite, vingt mille barbares y demeurerent ſur la place. Ce grand Monarque, vaincu par ſon malheur, & toujours inuincible par ſon courage, témoigna à l'abord d'Alexandre, qu'il rendoit les armes à la Fortune, plutoſt qu'à luy, quoy qu'il s'eſtimaſt heureux dans ſes diſgraces, de receuoir la loy d'vn Prince, qui la donnoit à tout le monde.

Alexandre, toujours lui-meſme, ſe trouuant

vaincu de generosité, quoy que victorieux par ses armes lui laisse son Royaume, aprés l'auoir beaucoup agrandi, & lui fait connoitre par experience, que la Fortune dont il se plaignoit, l'auoit fauorisé en le desobligeant, puis qu'elle terminoit ses desirs, aprés auoir surpassé ses esperances.

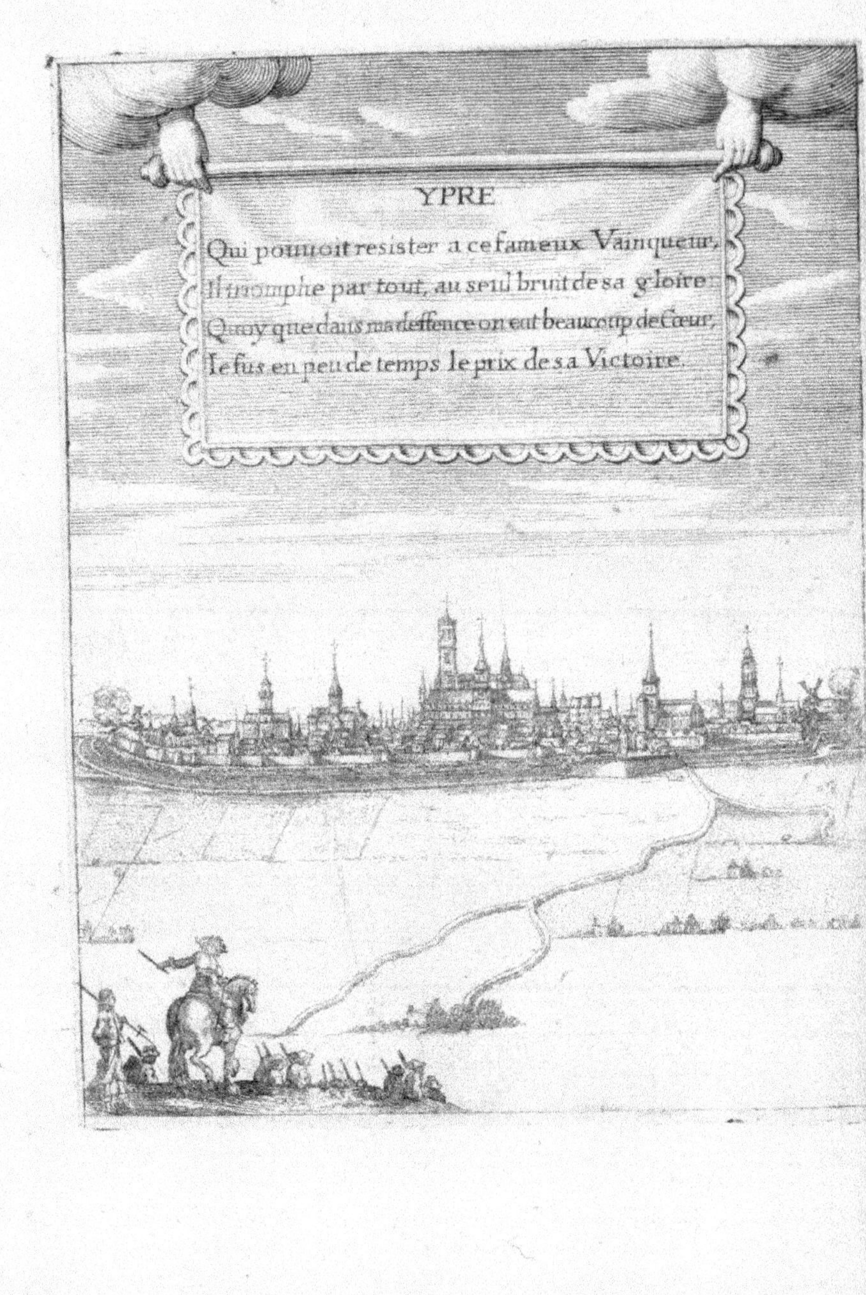
YPRE
Qui pourroit resister a ce fameux Vainqueur,
Il triomphe par tout, au seul bruit de sa gloire:
Quoy que dans ma deffence on eut beaucoup de cœur,
Ie fus en peu de temps le prix de sa Victoire.

SIXIESME CAMPAGNE.

MONSEIGNEVR le Prince ayant d'abord osté l'esperance à tous ses riuaux de partager les Couronnes que sa valeur lui auoit acquises, la voix des peuples le declara encore auant le temps, General des Armées du Roy en Flandres. Et quoy que leurs Majestés l'eussent secrettement destiné à cet employ, le bruit commun le faisoit partir à toute heure.

Il n'est pas plutost sorti en Campaigne auec son armee, qu'il obserue la contenance de l'Archiduc Leopold à ses aproches, dans le dessein de prendre son temps, ou pour assieger quelque place importante, ou pour luy donner bataille; Mais comme cet ennemi qu'il a en teste, n'est pas moins considerable par sa valeur, que par sa naissance, il menage si à propos les diferentes occasions qui s'en offrent également, qu'il choisit à la fin la plus fauorable: & met le siege deuant cette fameuse ville d'Ypre.

L'Archiduc étonné, plutost que surpris, ne songe point à la défence de cette place, iugeant que ce grand Prince auoit si bien pris ses mesures, qu'il s'en rendroit le Maistre en peu de temps. Et en effect, les Couriers n'estoient chargez tous les iours que de l'opinion commune de sa perte. Ce qui l'obligea de tenter le hazard de prendre Courtray par assaut, ayant esté aduerti que la plus grande partie de la garnison en estoit sortie: & le bonheur voulut qu'il reüssit en cette entreprise.

Monseigneur le Prince témoigne d'abord le ressentiment qu'il a de la perte de cette place; mais comme il n'auoit rien contribué a ce malheur, il s'en console bien tost, & se resoud à mesme temps d'en reparer le dommage par la prise d'Ypre, auec cette esperance d'en tirer encore

core vne derniere satisfaction, par vne bataille.

Il voit en effect le lendemain ce dommage reparé, Ypre se rend à composition, & reçoit auec ioye les loix de ce fameux vainqueur, puis qu'il les peut donner à toute la terre.

Cependant comme il semble encore que l'auantage soit égal entre ces deux grands Princes, le Nostre qui ne peut souffrir de compagnon, aprés auoir fait semblant de craindre son abord, & de fuïr l'occasion d'en venir aux mains, le reduit à la fin à cette necessité de donner bataille.

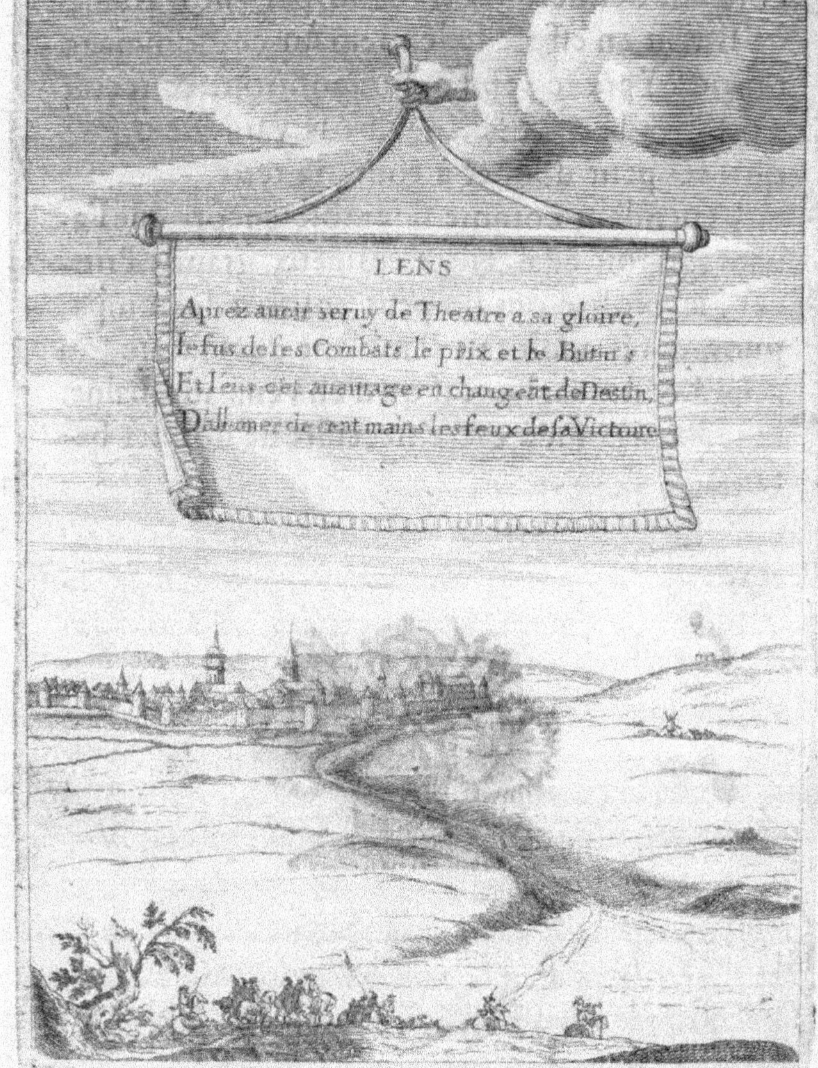
LENS
Aprez auoir seruy de Theatre a sa gloire,
Ie fus de ses Combats le prix et le Butin ;
Et I'eus cét auantage en changeãt de Destin,
D'allumer de cent mains les feux de sa Victoire

ONSEIGNEVR LE PRINCE n'eut pas plutost ioint l'armée d'Erlach, Lieutenant General, qu'il reprend en passant Eterre, par assaut, pour faire voir que ses plus grands stratagemes de guerre consistent en la valeur de ses soldats : Et quelques iours aprés va recognoistre lui-mesme les ennemis, qui se font voir sur la hauteur de Lens, auec quarante escadrons de Caualerie, aprés s'estre rendus Maistres de cette ville.

Monseigneur le Prince qui n'a treuué de beaux iours en sa vie, que les iours de bataille, puis que sa valeur en fait des iours de triomphe, fut raui de ioye à la veuë des ennemis, iugeant que leur presence les engageoit à vn combat necessaire, comme inéuitable. Et dés le soir l'ordre de la bataille fut donné ; le lendemain on vit la disposition de l'armée en cette sorte.

Monseigneur le Prince prit l'aile droite de sa Caualerie, qui consistoit en neuf escadrons ; l'aile gauche estoit commandée par le Mareschal de Grammont, auec pareil nombre d'escadrons.

L'Infanterie separée en differentes lignes, composee de diuers bataillons, estoit rengée au milieu, & le Canon marchoit à la teste ; Six escadrons de Gendarmes soutenoient l'Infanterie, & ce corps estoit sous les ordres du Comte de Chatillon, Lieutenant General. Le gros de reserue estoit composé de cinq escadrons, commandez par le Lieutenant general Erlach

On marcha en cet ordre, croyant treuuer les ennemis au mesme lieu où ils auoient paru, le iour auparauant, mais comme la crainte leur seruoit desia de mareschal des logis, leur faisant changer de poste à toute heure, ils auoient choisi vn nouueau champ de bataille, où Monseigneur le Prince, qui les suiuoit de fort prés, parut aussi-tost qu'eux.

La nuit suiuante se passa en continuelles escarmouches, & le lendemain Monſeigneur le Prince, iugeant que le Poſte où ils s'eſtoient campez leur eſtoit trop auantageux, fit deſſein d'en prendre vn autre auprez de Neux, qui fut plus commode à ſon armee.

Mais deſlors que les ennemis virent que noſtre armée marchoit pour ſe retirer, la Caualerie Lorraine ſortant de ſon poſte, vint attaquer la noſtre ſur le poinct qu'elle ſe retiroit par l'interuale des gendarmes, pendant qu'eux & le Comte de Chaſtillon à leur teſte, faiſoient front aux ennemis, auec le Regiment de S. A R. & leur effort fut ſi grand, qu'il contraignit ce Regiment à plier.

Ils attaquerent en ſuite les Gensdarmes qui firent ferme; mais comme Monſeigneur le Prince faiſoit tourner viſage à ſa Caualerie, pour les ſouſtenir, & leur donner lieu de ſe retirer, les ennemis vindrent fondre encore ſur eux, auec tant de violence, qu'ils les renverſerent: ce qui étonna tellement noſtre Cauallerie, que Monſeigneur le Prince menoit à la charge, qu'il ſe vit dans vn inſtant abandonné de la plus grande partie.

Ce desordre faisant tout à coup conceuoir aux ennemis vne vaine esperance de victoire, l'Archiduc se laissa persuader qu'il y auoit iour, & occasion d'emporter le prix de cette Campagne, par le gain de la bataille, s'il estoit resolu à la donner, à quoy il consentit contre ses sentimens, preuoyant le peril qu'on pouuoit courre en cette entreprise, & pour en voir l'éuenement il fit auancer ses troupes, & rengea à mesme temps son armée en bataille.

Le Prince de Ligne, & le Comte de Buquoy commandoient l'aile droite de la Caualerie Le Prince de Salme, & le Comte de Ligneuille l'aile gauche: Beck, l'Infanterie: l Archiduc Leopolde, & le Comte de Fuensaldaigne le reste des troupes, qui soustenoient ceux cy.

Monseigneur le Prince cependant, qui estoit touiours en soin de reparer le dommage de ce petit desordre, par la seule force de son iugement, auoit desia fait auancer la seconde ligne au poste de la premiere auec tant de bonheur, que la cauallerie ennemie fut repoussee, & en ce mesme instant la bataille resoluë.

Les deux armees estans en presence, les Lorrains, firent la premiere décharge, mais ils furent repoussez, auec perte notable, iusques à la seconde ligne: laquelle venant fondre sur ceux qui poursuiuoient les fuyars, elle les força d'estre du nombre, aprés leur auoir fait tourner visage en vn instant.

Monseigneur le Prince qui auoit l'œil par tout, aussi bien que l'esprit, les ralia à mesme temps de sa seule voix, & les rameine, luy-mesme au combat, afin que sa presence leur rendit le courage, que son absence sans doute, leur pouuoit auoir osté, ce qui luy reüssit. Les Vainqueurs sont battus & défaits. Et ce fut en cette nouuelle attaque, où les sieurs de Villequier & de la Moussaye furent faits prisonniers, pour s'estre rendus trop considerables, par la grandeur de leur courage, aprés en auoir donné de sensibles preuues aux ennemis. L'vn tout transporté de cette noble fureur, dont les grands cœurs sont animez, quand la gloire leur expose en veuë ses nouueaux prix, ayant touiours la mort deuant les yeux, pour la mépriser, plutost que la seruitude dans la pensee, pour la craindre, se voit vainqueur de ceux mesmes qui le prennent puis qu'ils le craignent encore, aprés l'auoir pris. Et l'autre qui ne fait iamais reflexion dans les combats des perils qu'il y peut courre, qu'aprés les auoir franchis, se treuuant tout à coup enuironné des ennemis, se rend à la fortune, pour obeïr à la necessité.

Quelques auantages toutesfois que les nostres eussent remportez, la victoire paressoit tousiours douteuse, par les nouueaux escadrons de Caualerie que l'Archiduc détachoit du corps de son armée pour reparer la perte de ceux qui auoient esté desia rompus. D'ailleurs, comme luy-mesme s'engageoit au combat, sa seule valeur en rendoit souuent l'issuë incertaine.

C'estoit alors qu'il faisoit beau voir, Nostre grand Prince, au milieu des perils, en action de marchander encore les Couronnes de la victoire, au prix de sa vie; Mais que dis je, qu'il le faisoit beau voir; s'il estoit enuironné des ombres, dont la fumée du feu des Canons, & la poussiere des cheuaux remplissoit l'air également. Il a fallu apprendre de ceux qui s'estoient attachez à sa suite, pour auoir part à sa gloire les merueilles que son courage & son iugement, ou plutost

sa valeur

ſa valeur, & ſa prudence, mettoient en œuure à tous momens. Combien de fois rallie-t'il ceux qui eſtoient en fuite, en leur faiſant voir ſeulement, ſon épee toute rouge du ſang des ennemis qu'ils redoutoient ? Combien de fois encore pareſſoit-il à la teſte de ſon Infanterie, pour luy frayer le chemin de la mort, en l'affrontant le premier ? Tantoſt il mettoit en déroute vn eſcadron de Caualerie, aprés auoir tué de ſa main, ou reduit à ſa mercy, tous ceux qui auoient l'audace de luy reſiſter ; Et tantoſt il ſe faiſoit iour dans vn bataillon d'Infanterie, pour en faciliter la défaite à ceux qui auoient le courage de le ſuiure. Certes il ſe rendoit ſi conſiderable aux yeux meſme des ennemis, que meſlant le reſpect auec la crainte, ils n'oſoient l'approcher, ne l'ayant iamais cognu qu'inuincible.

La nouuelle attaque du Lieutenant general Erlach, auec ſon gros de reſerue, fit pencher encore la victoire de noſtre coſté. L'aile droite de la caualerie ennemie tourna viſage vne derniere fois, aprés auoir perdu le courage, auec l'eſperance de ſe ralier.

Monſeigneur le Prince fit ſuiure les fuyars

par quatre Regimens débandez, & vint prendre le derriere de l'armée pour battre en queuë les ennemis, & remporter dans leur prompte défaite, le dernier prix de la bataille.

Monsieur le Mareschal de Grammont cependant, qui tiroit sa conduite de son experience, ayant atendu toujours l'occasion de donner à propos, la choisit si fauorable qu'il fit bien-tost connoitre aux ennemis que la vanité seule leur auoit donné l'esperance de la victoire, puis qu'ils ne pouuoient l'atendre que du hazard Il les ataqua, il les combatit, il les defit, & certes comme il payoit par tout de sa personne, son courage auoit cette secrete vertu de se communiquer en se faisant admirer; de sorte que tous ceux qui le suiuoient prenoient part à sa gloire.

Ce n'est pas que l'Archiduc Leopolde, vn des plus vaillans Princes de l'Europe, ne fit encore acheter du sang de nos sodats, la vie des siens, aprés auoir fait la charge de Capitaine, plutost que celle de General; Mais le Genie de Bourbon, plus heureux, & plus redoutable que celui d'Austriche, s'accordant auec le Destin de la France, tous deux ensemble firent present à noſtre digne Prince des Couronnes de la victoire.

Tout ceda à ſa valeur & à ſa fortune, la plus grande partie de la Caualerie ennemie ſe ſauua à la fuite, le reſte ſeruit d'eſcorte à l'Archiduc Leopolde, dans ſa retraite. L'Infanterie abandonnee trouua ſon ſalut en ſa ſoumiſſion, aprés auoir rendu les armes.

Tout le monde ſçait que les avantages de cette victoire ne peuuent eſtre plus grands, puis que le Canon & le Bagage en furent le butin, auec la rançon de cinq mille priſonniers, ſans mettre en conte le Prince de Ligne, le General Beck, le Comte S. Amour, & vn grand nombre d'autres Officiers.

De faire icy vne Relation de Gazette, en vous diſant le nom de ceux qui ſe rendirent remarquables par leur courage dans cette bataille, il ſuffit d'en raporter toute la gloire à celuy qui l'a meritée, puis que c'eſt l'œuure de ſes trauaux, de ſa vigilance, de ſa conduite, & de ſa valeur. En effect on peut ſoutenir que c'eſt le fruict de ſes peines, la production de ſes veilles, le ſuccez de ſa prudence, & vne preuue ſurabondante de ſon courage inuincible, ſi tous les lauriers qu'il a cueillis dans ce fameux champ de Mars, ont esté arrosez de sa sueur, & de son sang, à la veuë des differentes Nations, qui dans leur défaite, ont serui de trophée à son Triomphe.

Certes quelques loüanges qu'on luy donne, & quelque éclat que face auiourd'huy le bruit de sa reputation, on demeurera eternellement redeuable à sa vertu; Et il n'apartient qu'à elle seule de trauailler dignement aux Couronnes qu'on luy doit.

Mais ie voy maintenant Alexandre au bout de sa carriere; & nostre grand Prince n'a pas encore franchi le milieu de la sienne. Ce qui m'obligera d'oresnauant à le comparer à luy-mesme, puis que l'Histoire ne me sçauroit fournir l'exemple d'vn Heros, qui à son âge eut pû porter iustement le nom de son Riual, s'ils eussent esté de mesme siecle.

FIN.